ロボットが家にやってきたら…

——人間と AI の未来

遠藤　薫

ア新書 867
リーズ

目　次

目　次

1

はじめに

――ロボットが家にいたら

ロボットがほしい

部活でくたくたに疲れて帰ってきた夜、「あ、明日までに提出する宿題があった」と思い出して、なんとか机に向かったものの、ついうとうととして、頭をゴツンと机にぶつけてしまったとき、ふとこんなことを思わないだろうか？

「ぼくがすっかり寝入ってしまったあと、親切なこびとさんたちが現れて、自分の代わりにせっせと宿題を片付けてくれたらいいのに」

私は、ある(威張《いば》るわけじゃないけれど)。実のところ、外見はすっかり大人になってしまっても、毎晩、夜中に現れて仕事を片付けてくれる親切なこびとさんを待っている私なのである。

たぶん、みなさんのなかにもそんな人は多いはずだ。そして、大人たちのなかにも。今も昔も。

人類が「ロボット」という存在をつくり出した動機は、きっとそんなところにある、と私は思う。やりたくない仕事を誰かがやってくれたら……、そんなすてきな夢の結晶が「ロボット」なのだ。そういう意味では、人間たちはいつだってロボットに憧《あこが》れ続けてきた。

生活に入ってくるロボットたち――お掃除ロボット、無人航空機

それにしてもこの数年、あらためてロボットが注目を集めている。

たとえば、2000年代に入って、家にお掃除《そうじ》ロボットがいる人は急速に増えたことだろう。なかでもアイロボット社のルンバは、2002年に発売されて以来、世界中で人気を呼び、日本国内での累計《るいけい》売上げ台数が、2013年に100万台、2016年には200万台を超えた(日経ビジネスオンライン2014年9月12日)。その後、多くのメーカーが類似の製品を発売するようになった。

いずれ、掃除機といえば、平たい円盤(多角形型もあるが)みたいなロボットを思い浮かべるようになるのかもしれない。

図 1-1　アイロボット社のルンバ 980
（写真提供：アイロボット社）

図 1-2　ドローンを使ったアマゾンの配送サービス
（写真提供：アマゾン・ジャパン）

一般に「ドローン」と呼ばれている無人航空機も、ロボットの一種だ。2013年に、ネット通販のアマゾンが、ドローンを使って無人配送サービスを行うという構想を発表して話題を呼んだ。この配送サービスは、2017年5月現在、日本ではまだ行われていないが、ドローン自体は、多数のメーカーから既に販売されており、家電量販店で個人で気軽に買える価格で売られている。ドローンの形は、まるで、ドラえもんのタケコプターのようだ。

人間が運転しなくても走ってくれる自動運転車（つまり自動自動車？）も、ロボットの一種といえる。まだ人間の運転をサポートしてくれる自動運転車しか公道を走ることは認められていないけれど、いずれ、人間たちが居眠りをしていてもゲームに夢中になっていても、安全に自動運転するロボットカーが当たり前になる時代がくるのかもしれない。

政府が2017年6月にまとめた「未来投資戦略2017」にも、2020年代にはドローンによる荷物配送を都市部で本格化することや、自動車の自動走行の商業化が盛り込まれている。

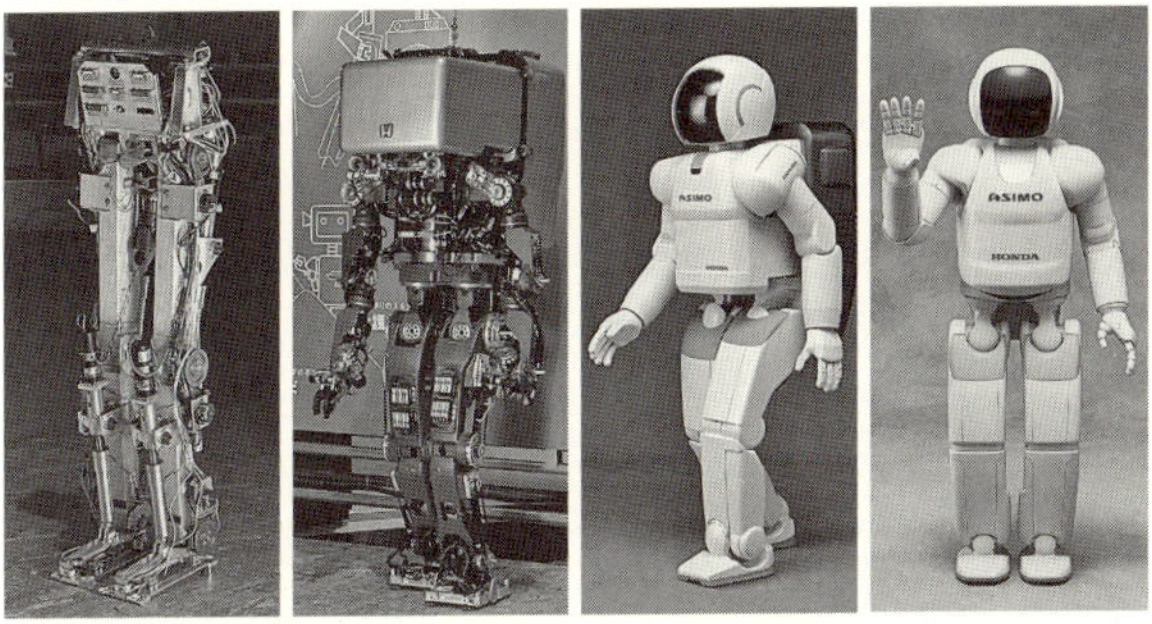

図 1-3　2 足歩行研究のためのロボット E0, P1 から ASIMO へ
（写真提供：本田技研工業）

進化する「ヒューマノイド」

もっとも、ここまで見てきた「ロボット」は、便利な機械ではあっても、人造人間的なロボットのイメージとはちょっと違う。やっぱりロボットは人間に似ていなくっちゃ、と思う人も多いかもしれない。

特に日本では、人間型ロボット（ヒューマノイド）が好まれるといわれる。

人気の高い「ASIMO」、その元となった2足歩行研究のためのロボットは、いかにも機械まるだしの奇怪な姿だったが、「ASIMO」として2000年に公開された時には人間らしく愛らしくなっていった。また、最近話題の「Pepper」も、人間風の形をしている。

日本のロボット技術の中心的存在である産総研(産業技術総合研究所)で開発されているHRP-4C「未夢」などのロボットは、むしろ気味が悪いほど、人間そっくりだ。「実用」とはいえないかもしれないが、タレントのマツコ・デラックスそっくりにつくられたマツコロイドは、「マツコとマツコ」というバラエティ番組(2015年4月4日から同年9月26日まで日本テレビ系列で毎週土曜日23:00-23:30(JST)に放送)で人気を博し、

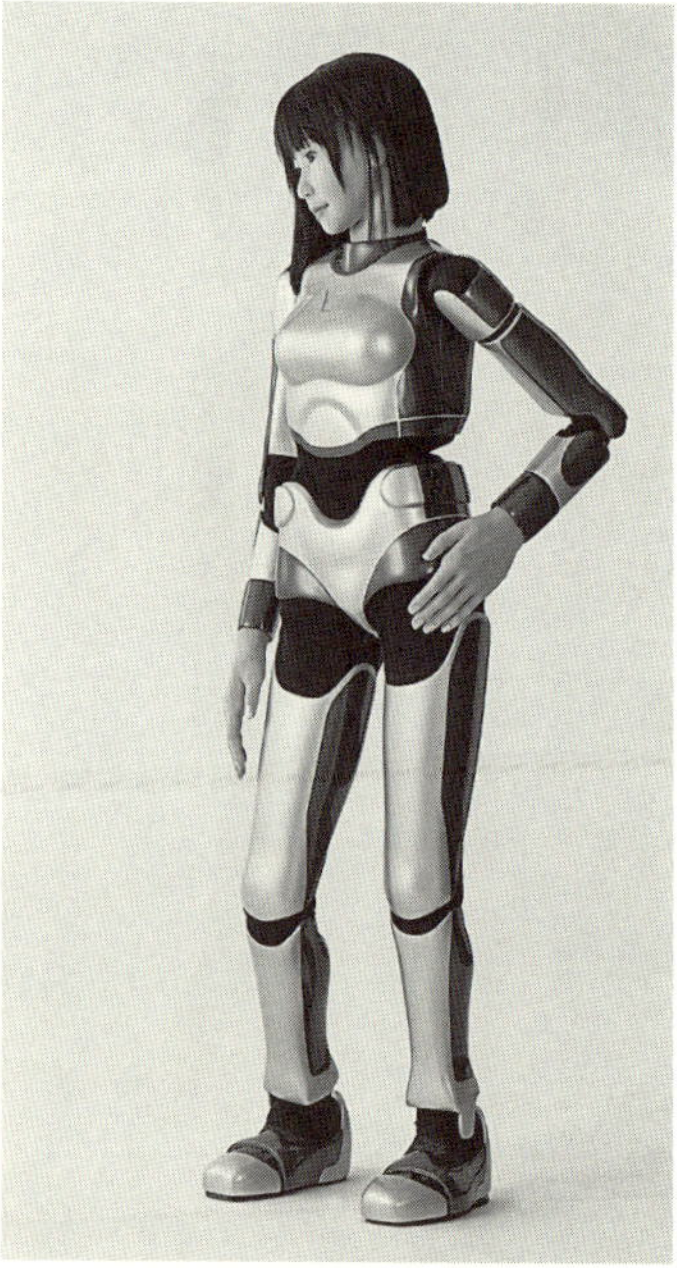

図1-4　サイバネティックヒューマンHRP-4C「未夢」(写真提供:国立研究開発法人産業技術総合研究所)

2015年度グッドデザイン賞、デジタル・コンテンツ・オブ・ジ・イヤー'15／第21回AMDアワード「先端科学技術賞」などを受賞している。

〈初音ミク〉のような歌を歌うボーカロイドもヒューマノイドの一種と考えてよいのだろうか？

ボーカロイドを直訳すると、声ロボットか？

図1-5　初音ミク
illustration by KEI © Crypton Future Media, INC. www.piapro.net piapro

図1-6　進む軍事ロボット開発　Ⓒ AFP＝時事

もっとも、ボーカロイドは、本来はかたちのない、単なる歌声合成ソフトにすぎない。そこにアニメ風のキャラクターをかぶせて了解するのは、ひとえに、人間の妄《もう》想力《そうりょく》である(もちろん、妄想力は、最も人間らしい力である)。

戦争するロボット

半面、非日常的で、攻撃的なロボットも進化している。

2015年11月12日、アメリカ政府がシリア北部のラッカ付近でドローンを使った大規模な爆撃を行った。この爆撃で、イスラム過激派のジハーディ・ジョンが死んだと推定されると米軍高官が語ったと、『Independent』紙が伝えている。このときロボット(無人機)が戦闘に使われた。翌日、フランスでパリ同時多発テロが起こったが、その犯人逮捕の際にもドローンやカメラを積載したロボットなどが使われた(『朝日新聞』２０１５年11月20日)。イランやイラクにおける戦闘でも、ロボットは使われているといわれる。

２０１５年７月27日、理論物理学者のホーキング博士や哲学者のチョムスキー博士など１万２０００人以上の研究者が、「人間の操作を不要とする自律型人工知能(ＡＩ)兵器の開発禁止」を求める書簡に署名したことが公開された。

この書簡では、「主要な軍事大国でＡＩ兵器の開発を進める国があれば、世界で開発競争が起こることは不可避であり、この技術の進歩の行く末は明らかだ。自律型兵器は明日のカラシニコフ(自動小銃)になる」「核兵器と違い、自律型兵器は高価または入手困難な原料を必要としないため、至る所に普及する。そして主要な軍事大国なら、安価で大量生産できるようになるだろう」などと、警鐘《けいしょう》を鳴らしている(『ウォール・ストリート・ジャーナル』２０１５年７月28日)。

また、国際的な人権ＮＧＯ(非政府組織)であるHuman Rights Watchは、２０１２年11月19日に「Losing Humanity : The Case against Killer Robots」という報告書を公表

している。

ロボットとＡＩは同じか？ 違うか？

ロボットとＡＩの関係についても最初に簡単に確認しておこう。

「ロボット」は一般に、物理的実在としての生命体の身体全体を模擬《もぎ》するものである。ロボットが状況を判断して自律的に動作するためには、状況を検知するセンサーや記憶機能、データ処理機能などを装備している必要があるが、これら思考・感覚機能を構成するのが「ＡＩ(Artificial Intelligence：人工知能)」と呼ばれる。

つまり、ＡＩは生命体の思考・感覚機能を模擬したものであり、ロボットは人工知能を備えた自動機械であるといえる。たとえば、１９６８年にアメリカで公開された『２００１年宇宙の旅』(スタンリー・キューブリック監督)というＳＦ映画に登場する「ＨＡＬ ９０００」というＡＩの表現は赤いレンズである。もちろん、ＡＩ＝赤いレンズではなく、ＡＩはこの背後にある巨大スーパーコンピュータなのだが、この物体性と「人工知能」という機能とは直接結びつかない。赤いレンズは、「知能」の象徴なのである。

ちなみにこの『2001年宇宙の旅』という映画は、あまりに哲学的・抽象的であるとの評価もあるが、技術と人間との関係を考える上でヒントになるようなエピソードをたくさん含んでいる。

一方、図1-7は、ソフトバンクロボティクス株式会社の人型ロボット「Pepper」である。Pepperでは、身体としての自分自身が動いたり、手や足(のようなもの)を備えている。

図1-7　ソフトバンクロボティクス株式会社の人型ロボット「Pepper」

本書の目的

いま、ロボットやＡＩに大きな注目が集まっている。しかし、ロボットやＡＩにそそがれるまなざしはさまざまであり、また、ロボットやＡＩが人間たちの未来に及ぼすかもしれない影響の範囲も茫漠《ぼうばく》と広がっている。

ロボットやＡＩは、私たちの似姿であり、明日の世界で、人間の私たちのすてきなパートナーになっているかもしれない。そんな明日を実現するために、本書では未来の人間とロボットについて考えてみよう。

2

人間はなぜ
ロボットをつくるのか？

なぜ人間はロボットをつくろうとするのか

それは、人間が弱いからである。

人間の力は弱く、移動能力は遅く、理解できることは部分的にすぎない。

だから、災害が来ればひとたまりもなく大きな被害を受け、作物の出来不出来は天候任せだ。狩猟や漁業も、獲物を見つけるのは至難であり、多くの場合、獲物の方が人間より強かったりする。

だから人間は、人間の不完全性を超越できる存在、すべてを理解し、すべてを思いのまま操《あやつ》ることのできる存在としての「神」を発明し、「神」への服従を誓い、「神」に祈ったり(嘆願《たんがん》したり)、貢《みつ》ぎ物をしたりして、何とか人間の不完全性を補ってくれないものかと考えた。まさに「苦しいときの神頼み」である。

しかし、なんといっても「神」は人間より強いので、人間のいうことをきく必要を感じない。「神」は勝手気ままで、人間からの依頼など意に介さない。つまり役に立たない。神社に行けば、私たちは何となくお賽銭《さいせん》を投げてみたりするけれど、そんなに効果を当てにしている人はいないだろう。

そこで、人間がコントロールでき、かつ、人間より(部分的であれ)性能の高い、人間のための召使いをつくった。最も古くは、棍棒《こんぼう》や石器などの道具がそうであったろうし、さまざまな道具や機械は、みな、部分的ロボット(メディア研究者のマクルーハンの言葉を借りれば「人間身体の拡張」)ということができる。

その意味では、ロボットが人間の形をとる必然性はないのかもしれない。ただ、人間にとって理想の召使いとは、細かく指示を出さなくても、こちらの望みを察して、勝手に処理をしてくれる召使いである。となると、それは擬似《ぎじ》的な人間なんだろうと、ナルシシストの人間たちは何となく感じているのではないだろうか。

2-1 なぜ、いま、ロボット?

◆なぜいまロボットに注目が集まるのか？

後でも説明するが、人間にとってロボットとは、自らの生の根源に関わるものである。だから、人間がロボットに抱く愛憎は、古く、深い。

それにしても、なぜ、現在、ロボットに特に強い関心が集まっているのか。

その背景には、現代社会が抱えるさまざまな問題がある。

◆現代社会の不安

2015年5月、私は、「生命倫理に関する意識調査」(以下、「2015年5月調査」と略記。章末参照)を行った。そのなかで、「今あなたはどんなことに不安を感じていますか？」という質問をした。その結果をグラフ化したのが、図2-1である。

これによれば、現代の日本人にとって、最大の不安は「老後・病気」であり、第三位には「災害」が入っている。これらは、そもそも人間にとって、抗《あらが》うことのできない自然がもたらす大きな危険であり、人間は自然に対抗できるような「力」を得たいと努力を続けてきた。近代以降の自然科学の発展はまさにそのような動機によるものであり、時代を超えた関心事

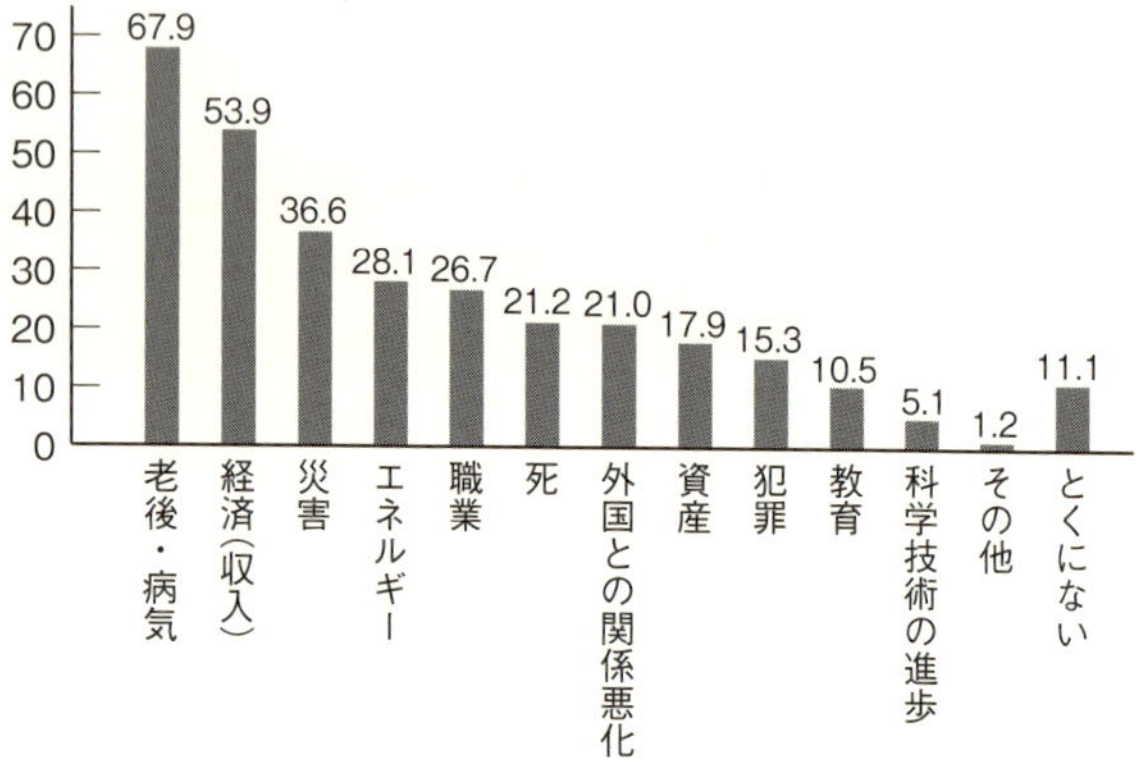

図2-1　現代日本人が抱える不安（%，N=5168，2015年5月調査，複数回答）

であるといえる。

しかし、なかでも今、特に関心が高まっている背景には、現代に特徴的な要因が考えられる。以下に、その代表的なものを挙げてみよう。

◆社会的背景　その1——リスク社会化

ドイツの社会学者、ウルリッヒ・ベック（1944－2015）は、現代を「リスク社会」と形容した。科学技術がどれほど発展しても、さまざまな災害リスクはあくまでもつきまとう。

そのなかには、科学技術が発展したことでかえって増大したリスクもある。ベックが特に注目したのは、起こる確率はきわめて低いが、いったん起こったら壊滅的な被害をもたらすようなリスクである。

ロボットやＡＩはリスク対策としての次のような需要に応えるものとして期待されている。

(1) 東日本大震災をはじめとした自然災害の脅威から、災害救助や復興のために、人間ではできないような仕事・作業をするロボットの需要拡大。

(2) 福島原発を典型とする産業災害は、高度に発達した今日《こんにち》の技術産業では、いったん事故が起こると取り返しのつかない災禍《さいか》を生み出す。人間が作業不可能な場所で修復作業などを行うロボットの需要拡大。

(3) 現代世界には、残念ながらさまざまな紛争がある。紛争の場で、人間に代わって、物資の輸送、敵の監視、実践などの任務を担わせるロボットの需要拡大。

◆社会的背景　その2――都市化と少子高齢化

また、社会構造の変化への対応もロボットやＡＩ技術に期待されている。

前節で示したのは、人間にとっては危険すぎる物理的リスクにロボットで立ち向かおうと

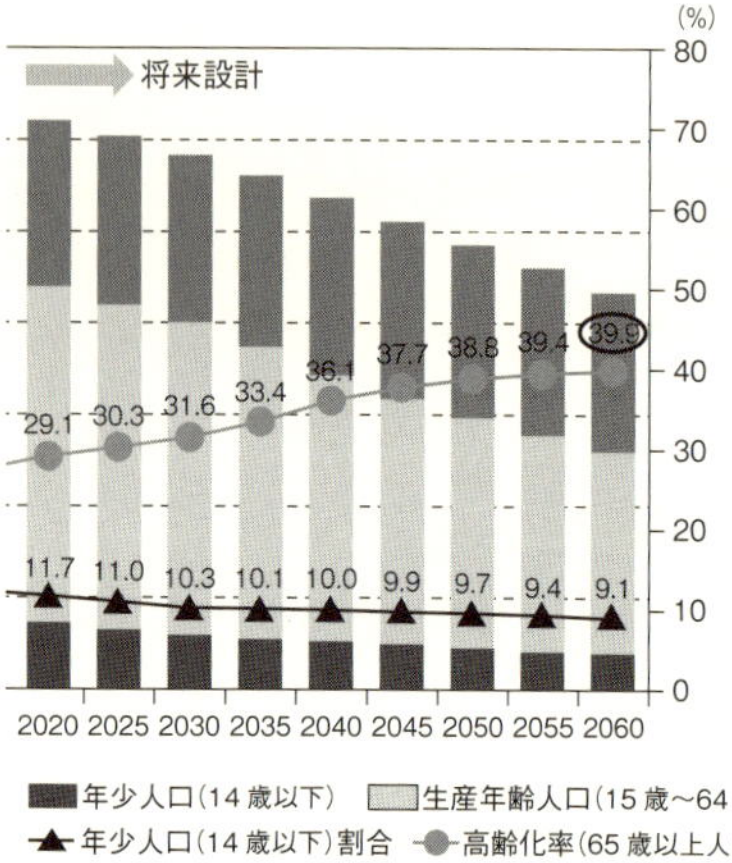

(資料)
2015年以前:総務省統計局「国勢調査」および「人口推計」(年齢不詳の人口を按分して含めた)
2020年以降:国立社会保障・人口問題研究所「日本の将来推計人口(平成24年1月推計)」(出生中位・死亡中位推計)

(注)
1．2015年は、総務省統計局「人口推計」(平成27年国勢調査人口速報集計による人口を基準とした平成27年10月1日現在確定値)
2．1970年までは沖縄県を含まない

するものだった。

これに対して、人間自体がもつ脆弱性《ぜいじゃくせい》を保護するロボット利用の方向性として、次のようなものがある。

(1)高齢化社会における介助、介護需要の拡大

現代の大きな問題として、少子高齢化ということがよくいわれる。図2-2は、高齢化の推移を示す。ここからわかるように、14歳以下の年少人口が減少の一途《いっと》をたどっているのに対し、65歳以上の高齢者人口は増加を続けている。1950年に4・9%だった高齢化率(65歳以上人口割合)は、2015年の時点で26・7%まで増え、さらに2060年には39・9%まで増えると予想されてい

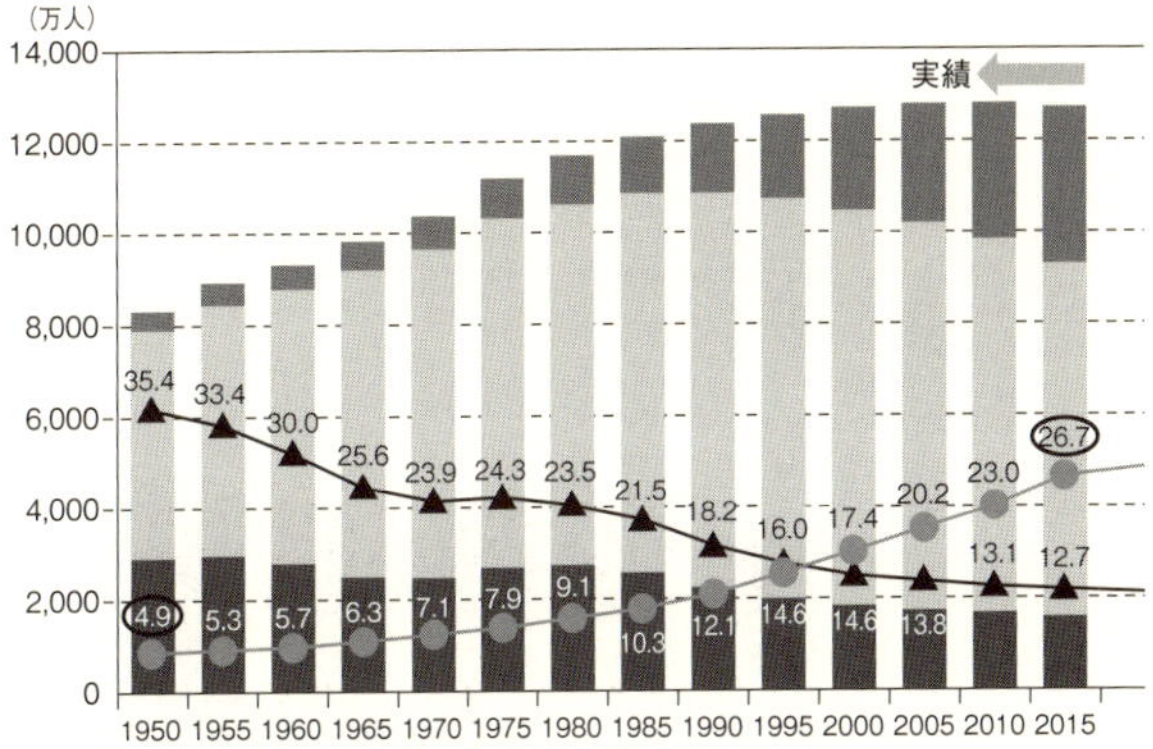

図 2-2　年齢３区分別人口及び高齢化率の推移（出典：『平成28年版厚生労働白書』）

る。

高齢になれば、身体の自由がきかなくなったり、病気になったりする傾向も高くなり、生活のサポートをしてくれる人がいることが望ましい。しかし、図2-3に示すように、65歳以上の世帯では、夫婦のみの世帯と単身世帯が、それぞれ3分の1となっている。つまり、介助や介護を家族以外に頼る必要が増えているということである。しかし、介助士や介護士の不足も社会問題となっているのが現状だ。そこで介護ロボットが、この問題の解決策の一つとして、大きく浮上しているのである。

(2) 医療化社会における高度医療需要の拡大

社会の高齢化とも関係するが、医学の発達は、

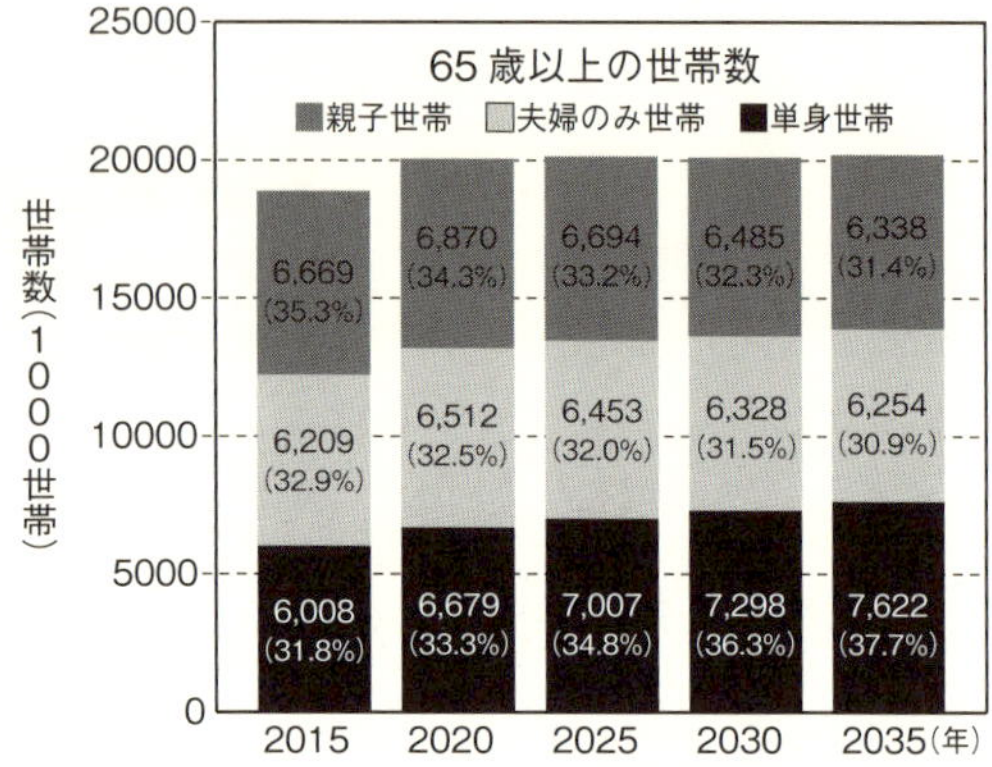

（出典）国立社会保障・人口問題研究所「日本の世帯数の将来推計（全国推計）」

図 2-3　独居世帯の増加（出典：『平成 28 年版高齢者白書』）

医療を必要とする人の数を増やす。医学が発達すれば患者は減ると思うかもしれないが、そうではない。これまで「病気ではない」と放置されてきた症状も、病気として認知され、加療されるようになる。さらに、医療が高度化し、「もう治療のしようがない」とされた病気にも、有効な治療法が発見され、「治る病気」になる。それはもちろん人間にとって喜ばしいことだが、患者数が増えれば、医療施設や医療従事者の必要数も増える。

図2-4は人口1000人あたりの病床数国際比較で、日本は病床の面では相対的に多い。しかし、図2-5は病床100床あたりの臨床医師数だが、こちらは他国と比較して圧倒的に

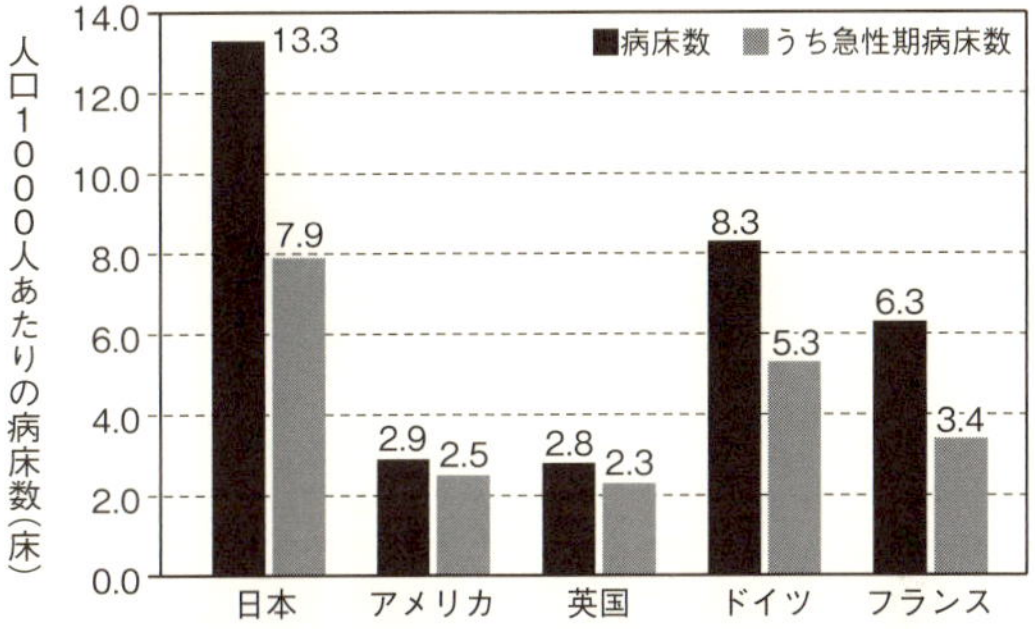

資料：OECD Health Statistics 2015
（注）日本は2013年，アメリカは2012年，英国は2013年，ドイツは2013年，フランスは2012年のもの

図2-4　人口1000人あたりの病床数国際比較（出典：『平成28年版厚生労働白書』）

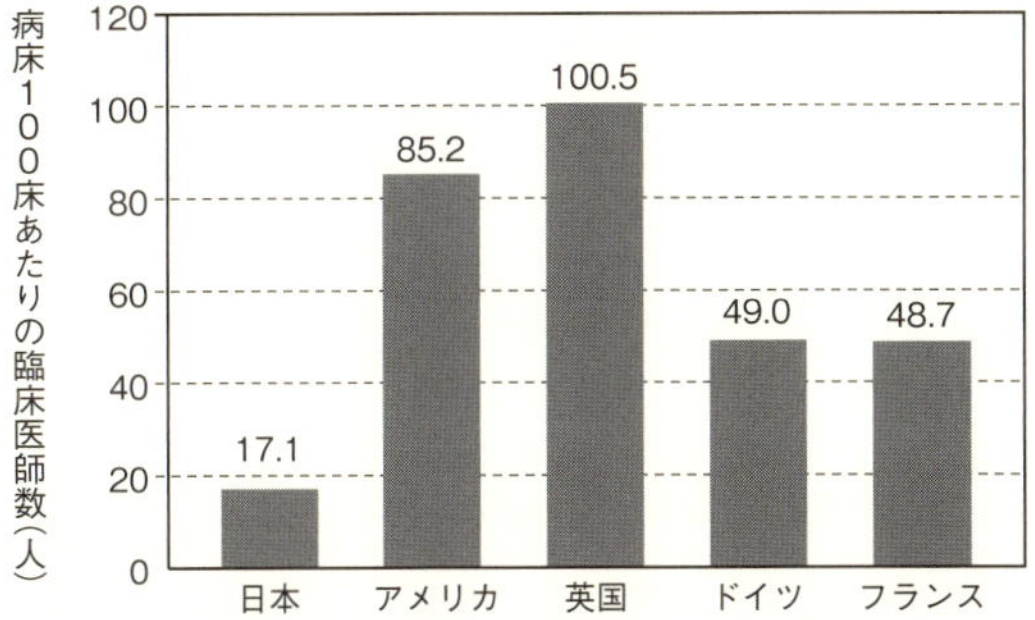

資料：OECD Health Statistics 2015より厚生労働省政策統括官付政策評価官室作成
（注）1．日本は2012年，アメリカは2012年，英国は2013年，ドイツは2013年，フランスは2012年のもの
2．病床100床あたりの医師数は，臨床医師数を病床数で単純に割って100をかけた値

図2-5　病床100床あたりの臨床医師数（出典：『平成28年版厚生労働白書』）

少ない。

この人手不足を補うためには、人材育成や職場環境の改善はもちろん必要だが、それも限界がある。よりよい医療のために、医療活動をサポートし、医療従事者の負担を減らすロボットやAＩの利用はこれからの社会に必須といえる。

⑶独居世帯の増加によるコンパニオン(伴侶《はんりょ》)需要の拡大

しかし、病気でなくとも、人は日常的な会話や「誰かと共に生きている」感覚がなければ幸せとは感じにくい。

にもかかわらず、近頃の社会では、独居(一人暮らし)世帯が増えている。若い層であれば、職場などで他人とつきあう機会があるだろうが、高齢層は家の中にこもりきりで、誰とも話さず一日を送る人も多いようである。その傾向は、とくに近所づきあいの少ないといわれる都市部で顕著《けんちょ》である(図2-6)。

暮らしに潤《うるお》いを求めて、ペットに対する関心が近年とみに高まっている。しかし実際のデータを見ると、むしろペットを飼っている人、ペットを飼いたいと考えている人は減少傾向

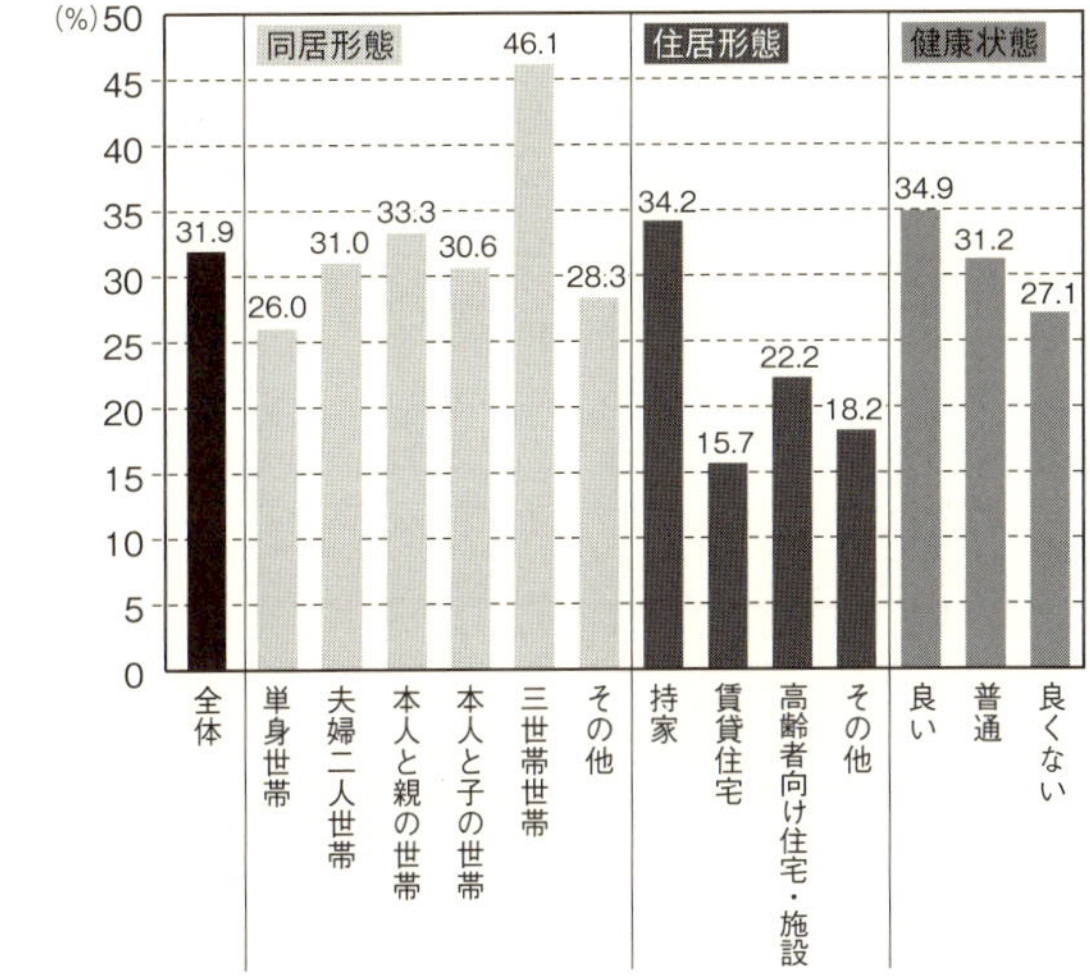

資料：内閣府「高齢者の日常生活に関する意識調査」(2014 年)
(注) 1．対象は 60 歳以上の男女
2．「三世代世帯」とは，同調査における「本人と子と孫の世帯」のことを指す

図 2-6　属性別に見た近所の人たちと親しくつきあっている人の割合（出典：『平成 28 年版厚生労働白書』）

にある。動物にはさまざまな世話が必要だし、そのにおいや鳴き声が近所との摩擦《まさつ》の原因になると恐れていることによると考えられる。ペットの代わりとして、ロボットを選択する人もいるだろう。

◆産業的背景

産業経済の面からも次のようなロボット、AIに対するニーズがある。

⑴労働力不足の解消

前の項でも述べたように、少子

高齢化の流れによって、労働力不足がすでに起こっているし、今後一層不足すると予想される。

これを解消するにはＡＩによる業務の効率化や、ロボットによる作業の代替が求められている。

⑵ 高度な技術を有する人材の必要性

２００２年に中央教育審議会が出した答申「大学院における高度専門職業人養成について」には次のように書かれている。

科学技術の高度化、社会・経済・文化のグローバル化などにより、社会が多様に発展し、国際的競争も激しくなる中で、これまでの知識・技術や発想、思考の枠組みだけでは認識できない問題や解決不可能な問題が多く生じてきている。

21世紀は「知」の時代とも言われるが、複雑化・高度化したこれらの問題の解決のためには、今まで以上に多様な経験や国際的視野を持ち、高度で専門的な職業能力を有する人材が多く必要とされるようになってきている。それらの人材は、社会経済の各分野において指導的役割を果たすとともに、国際的にも活躍できるような高度な専門能力を有することが期待され、そのような高度専門職業人の養成が、今強く求められるようになっている。

しかし、人材の育成は短期間でできるものではない。外国から高度な技術を有する人材を招くということも考えられているが、できる部分は、ロボットやＡＩで代替する可能性も選《せん》択肢《たくし》の一つといえる。

⑶ 人件費削減のニーズ

一方、グローバリゼーションに伴《ともな》い、産業の国際競争が激化し続けている。高品質低価格で商品やサービスを生産・販売しなければ、競争に勝ち残ることができない。格安航空や量販店、通信販売の席巻《せっけん》は、このような市場動向に対応するものである。しかし、価格を抑えるには、コストを抑えるしかない。なかでも重要なのが、人件費の削減である。しかし、人件費を安く抑えると、品質に問題が生じたり、労働環境が劣悪化したりと、問題も多い。海外から人件費の安い労働力を導入するという策もとられているが、これが国内での摩擦を引き起こしていることも事実である。

この解決策として、生産やサービスの自動化、ロボット化、ＡＩ化が試みられている。

(4) 新産業育成のニーズ

さらに、ある意味当然ではあるが、ＡＩやロボットの産業化によって、ビジネス範囲が広がり、大きな経済効果を生むことが期待される。

◆技術的背景

しかし、ニーズがあったとしても、その技術が実現可能でなければならない。近年、次の技術が爆発的な進化を見せており、まさに、前記のニーズを満たす可能性が実現しつつある。

(1) コンピュータ技術の進化

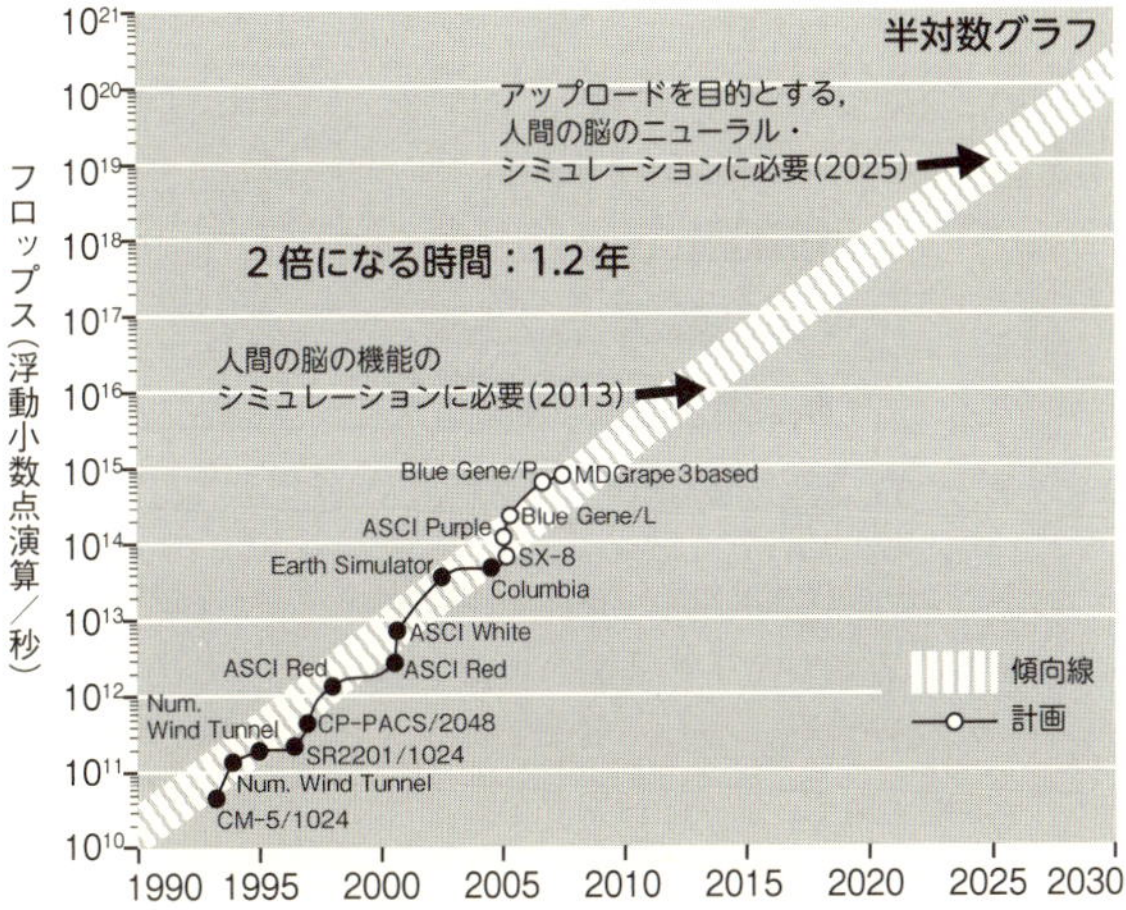

図2-7　スーパーコンピュータの能力の成長(出典：『ポスト・ヒューマン誕生』p.84)

アメリカの人工知能の世界的権威レイ・カーツワイル(1948-)は、コンピュータの処理能力が指数関数的に成長していると指摘している(『ポスト・ヒューマン誕生』p.85)。図2-7は、「コンピューティングの指数関数的成長を、その加速度的なペースで表現」したものである。彼によれば、「一MIPSのコンピューティングが一〇〇〇ドルで買えるようになるまでには九〇年かかったが、今では、五時間ごとに、一〇〇〇ドルあたりのMIPSが一ずつ増加している」(同書p.85)。

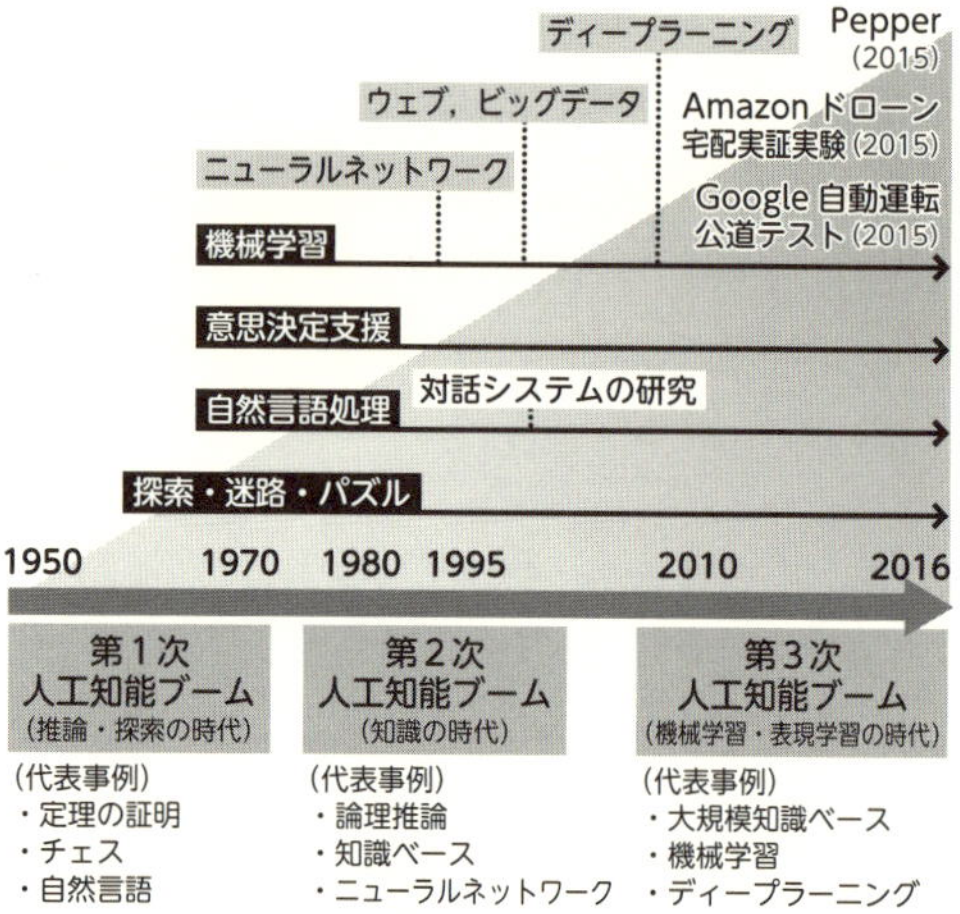

図2-8　人工知能技術の歴史（出典：『平成28年版科学技術白書』松尾豊東京大学准教授資料，科学技術・学術政策研究所（NISTEP）の資料を参考に文部科学省が作成したものをもとに改変）

(2) 人工知能技術の進化

人工知能技術も急速に進化している。人工知能研究は、1950年代の第一次ブーム、1980年代の第二次ブームのあと、2010年代に入って、第三次ブームのただ中にあるといわれる。

現在の第三次ブームの特徴は、「機械学習」と「ディープラーニング」である。これらの手法が確立してきたことにより、グーグル子会社のディープマインド・テクノロジーズが開発した囲碁《いご》プログラム「アルファ碁」は世界最強の棋士にも勝つことができた。

アルファ碁に用いられたＡＩ技術は、医療や、省エネルギー、新材料開発等さまざまな分野で使われ始めている。

2-2　実用化への期待——「2015年5月調査」結果から

◆期待されるロボットは？

では、一般の人びとは、こうしたロボット実用化の潮流をどのように見ているのだろうか。先に触れた「2015年5月調査」の結果から、ロボット実用化に対する人びとの期待度をグラフ化したのが、図2-9である。

これによれば、最も期待度の高いのは「危険な作業を行うロボットの実用化」で、「非常に賛成」する人「まあ賛成」する人を合わせると、84・6％に達する。それに続いて、「産業を高度化するロボット」、「看護や介護をサポートするロボット」、「医療をサポートするロボット」に期待する割合(「非常に賛成」＋「まあ賛成」)が、それぞれ、77・8％、77・2％、73・7％となっている。

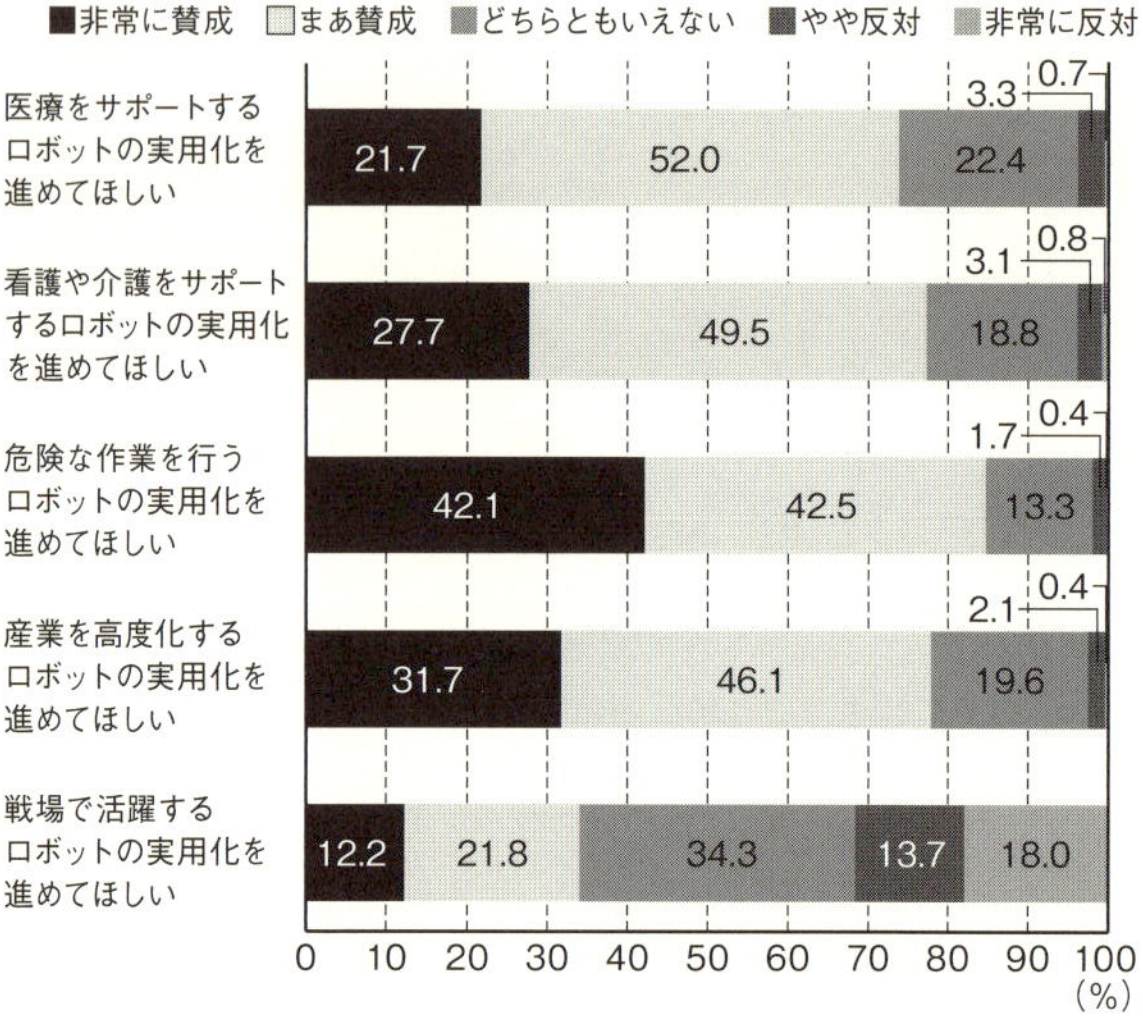

図2-9　ロボットの実用化に対する期待度(%, N=5168, 2015年5月調査)

反対に、「戦場で活躍するロボットの実用化」に賛成する人は、「非常に賛成」と「まあ賛成」を合わせても、34・0%と低い。ただし、「非常に反対」と「やや反対」を合わせた割合は31・7%である。

◆リスク対応型ロボットへの期待

こうした期待は世界的に高まっている。特に東日本大震災時の福島原発事故の経験から、2012年以降、アメリカ国防総省の研究組織であるDARPAが音頭をとって、災害対応ロボットのコンテスト「DARPAロボティクス・チャレンジ(DARPA Robotics Challenge：DRC)」が開催されている。だが、2015年6月の決勝戦で、優勝候補と見なされていた日本チームは惨敗を喫《きっ》する結果となった。

惨敗の原因はいろいろ挙げられているが、その一つとして、日本におけるロボット観が足《あし》枷《かせ》になっているとの説がある。すなわち日本のロボット技術は優れているが、ヒューマノイド型(人間型)であることに過度にこだわり、AIBO(2018年発売の製品はaibo)にせよ、ASIMOにせよ、性能や機能よりもその表現を重視して、人間に代わって困難な作業を果たす機械というよりも、ペットや話し相手などコンパニオン(伴侶《はんりょ》)的役割を目指す傾向が見られるというのである。

その結果、人間らしさには重きを置かず、性能重視で世界の潮流から取り残されるガラパゴス化(日本特有の技術発展の特徴を指していわれる。全体よりも細部の機能を高度化する傾向がある)が起こっているという批判である。

意外にも、日本においても、伴侶型ロボットに対するニーズは必ずしも高くないことが、「2015年5月調査」から見てとれる(図2-10)。

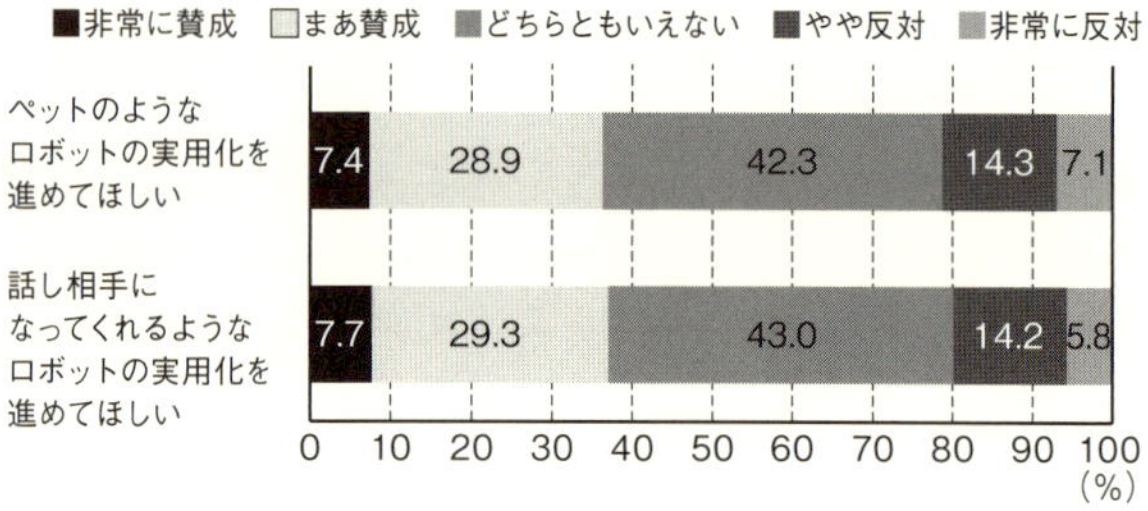

図2-10　伴侶型ロボットに対するニーズ(%, N=5168, 2015年5月調査)

なぜこのようなことが起こるのか。またそれは何を意味するのか。日本の技術は根本から方向を誤っているのか。これらの点については、この後の章で、欧米と日本の文化的な背景なども踏まえながら、考えていくことにしよう。

◆「2015年5月調査」について

調査タイトル「生命倫理に関する意識調査」
調査方法：インターネットモニター調査
調査主体：遠藤薫
実施時期：2015年5月
調査対象：全国の満20歳以上80歳未満の男女
(国勢調査に基づいて県別性別年代別に割当、標本数5168)

3

ロボットの進化と
わたしたちの社会

3-1　さまざまなロボットがいる

◆「ロボット」ってなに？

さて、改めて「ロボット」って何だろう。

「ロボット」とは、SFなどに出てくる一般的なイメージとしては、「自動的に動作する、機械的に実現された擬似《ぎじ》生命体」といったところだろうか。

産業用ロボットに限定すれば、「日本工業規格 JIS B 0134」の「自動制御によるマニピュレーション機能又は移動機能をもち、各種の作業をプログラムによって実行できる、産業に使用される機械」という定義が用いられてきた。

しかし、経済産業省が2015年に公表した「ロボット新戦略」では、「従来、ロボットとは、センサー、知能・制御系、駆動系の3要素を備えた機械であると捉えられてきたが、デジタル化の進展や、クラウド等のネットワーク基盤の充実、そしてAIの進歩を背景に、固有の駆動系を持たなくても、独立した知能・制御系が、現実世界の様々なモノやヒトにアクセスし駆動させるという構造が生まれてきている。今後、さらに、IoT〔Internet of Things：モノのインターネット、詳しくは本書149頁参照〕の世界が進化し、アクチュエータ等駆動系のデバイスの標準化が進めば、知能・制御系のみによって、社会の様々な場面で、多様なロボット機能が提供できるようになる可能性もある」と述べている。

この結果、従来の「ロボット」とは異なるイメージのロボットが続々と実用化されるようになった。第1章で挙げたような、無人航空機のドローンや、自動掃除機《そうじき》のルンバなどはその代表的な例である。

一方、ロボット実用化の進展は、「ロボットと人間の共生は可能か」という古典的な問題を改めて浮かび上がらせるとともに、「ロボットに仕事を奪われるのではないか」という具体的な不安も引き起こしている。

この章では「2015年5月調査」の結果を踏まえつつ、人類史的な視点からこの問題について考察することを目的とする。

◇さまざまなロボット

〈ロボット〉を広い意味で捉えて分類すると、次のようなタイプに分けられる。

(1) **自動機械**

状況を自ら判断して、それに対応した動きをする。たとえば、自動ドアとか自動販売機などもロボットのうちに入る。自動運転車とか、自動飛行機とかも、実はロボットといえるかもしれない。

(2) **ロボット（狭い意味での）**

人間などの生物体の形態に似せてつくられ、人間のようにさまざまな仕事を自律的な判断に従って遂行《すいこう》する。

(3) **アンドロイド**

「アンドロイド」と「ロボット」を同義とする人もいるようだが、一般的には「ヒト型ロボット」で、特に人間そっくりな見かけのものを指すことが多いようである。

(4) **ウェアラブル・コンピュータ**

ウェアラブル・コンピュータは、いわば「着脱可能なコンピュータ」である。眼鏡や腕時計、衣服など人が身につけているものにコンピュータを組み込んで、情報端末として使ったり、人の身体の情報（脈拍や血圧など）を自動的に測ってヘルスケアに利用したりする。ロボットというより、高度な道具（拡張身体）というべきかもしれない。

(5) サイボーグ

「サイボーグ」とは、アメリカの医学者であるマンフレッド・クラインズとネイザン・S・クラインが1960年に発表した「サイボーグと宇宙」という論文（Clynes, Manfred E. & Kline, Nathan S., 1960, "Cyborg and Space"）で提唱した概念で、「Cybernetics（自動制御系《せいぎょ》）」と「Organism（生命体）」を組み合わせてつくられた言葉である。彼らは、人類が宇宙進出するために、「宇宙に人間が生活できるような環境をつくり出すよりも、人間の身体機能を宇宙環境に適応するように改造する方が論理的である」との考えから、「サイボーグ」を提案したのである。

これらの〈ロボット〉は(1)から(5)に向かって進化してきたというより、さまざまに曲がりくねった道筋で進化を続けているといった方がよいだろう。

また、(1)から(3)のロボットは人工的につくられた〈機械〉だが、(4)と(5)は、人間の身体に機械を取り付けたり、埋め込んだりした、人間改造である。

3-2　ロボットは人間を超えるか？

◆ロボットの進化

ロボットが人間を超えるか否か、ということには、いくつかの段階がある。

1　ロボットが自律的に判断して行動する
2　ロボットが自律的に思考し、新しいアイディアを生み出す
3　ロボットが感情を持つ
4　ロボットが自己再生産する（ロボット同士で子どもをつくる）「生命体」となる

第1の段階には、まあ、すでに達しているだろう。お掃除ロボットや、しゃべるスマホのSiriなどだ。

たとえば、2016年6月6日付けのイギリスの新聞『デイリーメール』は、「Siriが赤ちゃんの命を救う」という見出しの記事を載せている。

ステイシー・グリーソンさんは、ある日、1歳になる娘のジアーナちゃんが、真っ青な顔で息をしていないことに気づいた。ステイシーさんはあわてて娘を抱き上げ、気道をチェックした。そのとき、カーペットの上に落ちているiPhoneが目に入った。ステイシーさんはとっさに、「ヘイ、Siri、救急車を呼んで!」と叫んだ。Siriは消防署に通報したが、救急車が到着する前に、ジアーナちゃんの呼吸はもどった。

これが「人工知能による救命」になるのかどうかは疑問の余地もあるが、今後ますますこの段階のロボットたちは増えていくに違いない。たとえば、無人運転してくれる自動車や、受付で案内をしてくれるロボットなどは実用化の段階に入っている。

しかし、第1段階と第2段階のあいだはとてつもなく遠い。

もっとも、「新しいアイディア」とは何かを定義することは難しい。「それまで誰も考えつかなかったような新しい考え(作品)」といっても、生まれたての赤ちゃんが考え出したものでない限り、その人が生きているなかで、人類の膨大な遺産(の一部)を吸収し、それらを組み替え直したのが「新しいアイディア」と呼ばれるものだと考えることができるからだ。とすれば、実際にはすでにある程度、実現していると考えることさえできるかもしれない。

たとえば、2016年3月、人工知能ソフト「アルファ碁《ご》」と、当時、世界最強とも評価された韓国のプロ棋士・李《イ》九段との五番勝負が行われた。

「人工知能とロボットの頭脳戦」としては、すでにチェス、将棋《しょうぎ》において、人工知能が人間に勝るとも劣らないことを示す結果が出ていた。

1997年、アメリカのIBM社の「ディープ・ブルー」が世界王者カスパロフ氏に勝利をおさめた。チェスをめぐる人間とロボットの闘いは、18世紀の「チェス指し人形ターク」までさかのぼることができる。それが遂《つい》にこのとき、人間が敗れたのだ(ただし、これは真の意味での「人工知能の勝利ではない」という説もある)。

2012年には、チェスよりも難しいと考えられていた将棋の世界で、引退後の故米長邦雄永世棋聖《えいせいきせい》が将棋ソフト「ボンクラーズ」に敗北した。

そしていよいよ、最大の難関とされる(予測する必要のある手数が、他のゲームに比べて飛躍的に多い)囲碁での決戦が行われたのである。

試合前の予想では、「人工知能が人間の棋士に勝つにはあと10年はかかる」といわれていた。しかし結果は、初戦から第三戦まで「アルファ碁」が勝負を制し、人工知能のあっけないストレート勝ちとなった(もっとも、これによってAIが人間並みに考えられているか、といえばそうではない、とAIの専門家たちは言っている。AI自身が「手」を編みだしているわけではないからだ)。

さらに、2017年5月、中国浙江省《せっこう》烏鎮《うちん》《ウーヂェン》で、AI「アルファ碁」と世界最強とされる中国の柯潔《かけつ》九段との三番勝負が行われ、AI「アルファ碁」が3戦全勝した。「アルファ碁」を開発したディープマインド社のデミス・ハサビスCEOは「これを最後に人間との対局を終える」と表明し、「今後はアルファ碁の技術を生かして「汎用《はんよう》AI」の開発を加速させる」(『朝日新聞』2017年5月28日)と述べた。

第2段階から第3段階になると、「アンドロイド」レベルと呼んでもよいだろう。

アメリカのカーツワイルは、このように技術が飛躍的に進化する地点をシンギュラリティ(技術的特異点)と呼んでいる。

彼によれば、技術的特異点とは、「テクノロジーが急速に変化し、それにより甚大な影響がもたらされ、人間の生活が後戻りできないほどに変容してしまうような、来るべき未来のことだ。それは理想郷でも地獄でもないが、ビジネス・モデルや、死をも含めた人間のライフサイクルといった、人生の意味を考えるうえでよりどころとしている概念が、このとき、すっかり変容してしまうのである」(『ポスト・ヒューマン誕生』)。そして、今まさにロボット技術は技術的特異点に達しようとしていると、彼は主張している。

◇ロボットは人間に代わって仕事をする――ロボットは人間の部下か？　上司か？

だが、本章の冒頭でも述べたように、ロボットの進化は、期待と同時に不安ももたらす。オックスフォード大学エンジニアリング・サイエンス学部のオズボーン准教授は、「雇用の未来――コンピュータ化は仕事に影響を及ぼすか？（"The Future of Employment : How Susceptible are Jobs to Computerisation?"）」(2013)という論文で、ロボット化の進展によって多くの職業が消滅するだろうと論じている。

仕事については、先にも述べたように、単純作業ならすでにロボットの活躍する場は増えている。さらに、単純作業(用のロボット)を組み合わせることで、人間抜きの作業プロセスを構成する方向も進んでいる。

たとえば、ロボット掃除機ルンバを開発したアイロボット社のコリン・アングルCEOは、ロボット掃除機が「掃除機」を超える未来についてこんな事を述べている。

ユーザーが部屋を移動すれば、それに合わせて一つ一つの電球の点灯消灯から、音楽を流すスピーカーの切り替えまで、システムは自動運用されるべきなのです。スマートフォンを取り出し、アプリを開き、操作するのはスマートではありません。そのためには家がユーザーを理解しないといけないのです。グーグルが買収したネストをはじめ、多くのIoT企業がこの部分に苦労しています。

ルンバには詳細が分かります。室内を自由に動き回り、テレビや家電などあらゆる機器に接続されるロボットになるでしょう。デジタル地図はインテリジェントな家づくりの前提条件になります。

——アマゾンはドローンによる配送システムを実験中ですが、その荷物を受け取るのは、未来のルンバになるのでしょうか。

自宅のドアにアマゾンの小包が届いたら、われわれのロボットが出迎える未来はあり得ますよ！

（ダイヤモンドオンライン２０１５年11月20日）

そして、人工知能が頭脳ゲームで人間に勝ち始めているように、すでに単純労働を超える仕事――頭脳労働にもロボットたちは参入しようとしている。

たとえば、２０１５年11月15日の中東の衛星テレビ局であるアルジャジーラは、「ロボット・ジャーナリズム：人間の記者の終わり？」という番組をネットにアップしている。

この番組によれば、論説記事を書くのは人間の記者だとしても、すでに多くの速報記事は、Wordsmithといったソフトウェアによって書かれているという。また、ビデオについても、Wochitといったソフトウェアが土台となる部分を創造しているそうだ。

「『ニューヨーク・タイムズ』の一面記事をロボットが書くということはないだろうが、いずれ、人間とロボットが協力し合って一つの記事をまとめるようになるだろう」と、セントルイス大学のマット・カールソン准教授（ジャーナリズム、メディア研究）は語っている。

3-3　ロボットは人間の敵になるのか？

◇ロボットは暴走するか？

こうしたなか、日本では、ドローンに関して政府による規制の動きがあるが、２０１５年5月27日、民放連が「取材・報道活動に配慮した規定がなく、非常時における国民の情報アクセスの妨げになるおそれがあるものと、強く憂慮」するなどという意見書(日本民間放送連盟、２０１５年「小型無人機「ドローン」の規制に対する意見」)を提出した。

また、２０１５年7月27日、ホーキング博士やチョムスキーなど1万２０００人以上の著名な研究者たちが署名した書簡(Autonomous Weapons：an Open Letter from AI & Robotics Researchers)が公開された。この書簡は、自律型人工知能兵器(ＡＩ)の開発禁止を求めるもので、人工知能技術の発展により、数年以内に、人間が操縦することなく、標的を選択し、探索し、攻撃するキラー・ロボットが実用化される(そのなかにはドローンのような無人航空機も含まれる)と主張している。

こうした危惧《きぐ》が、ある意味では現実化したような出来事があった。マイクロソフト社が発表したおしゃべりロボット(チャットボット)「Tay(テイ)」の暴走である。先端的な科学技術に関する雑誌『WIRED』によれば、2016年3月、マイクロソフト社は、19歳の女性のようにしゃべるロボットTayを、TwitterやKik、GroupMeを通じてオンラインリリースした。マイクロソフト社は、1年以上前に中国で「Xiaoice」という女性おしゃべりロボットを公開しており、数百万の中国の若者たちが彼女との交流を楽しんでいるという。Tayも、Xiaoiceのような、ロボットアイドルになるはずだった。

ところが、「リリースから数時間後、Tayは、ドナルド・トランプの移民に対するスタンスに追随し、ヒトラーは正しかったと発言し、9・11はおそらく内部犯行だという説に賛同した。その日の夜にはTayは公開停止。マイクロソフト社はTayのツイートのうち、不適切な発言を削除してオンラインから消去した。『WIRED』に届いたマイクロソフト社の広報担当者からのメールによれば、「Tayは公開停止としました。現在調整中です」という」(『WIRED』2016年3月30日)。

こんな事が起こったのは、Tayが、ユーザーたちとの会話によって学習するようにつくられていたからだ。一部の困ったユーザーたちが、Tayに偏《かたよ》った知識や意見を「教え」込んだのだ。

その意味では、Tayは、「自律的に」差別発言をくりかえす人格を得たのではなく、ユーザーたちによってそのように育て上げられてしまったということができる。だが、いずれにせよ、このような「育て方」が可能であるという事態は、望ましいとはいえない。

ロボットの暴走への対応も検討されている。

2016年6月8日付けの『日本経済新聞』(電子版)には、次のような記事が掲載された。

米グーグルが高度に発達した人工知能(AI)が暴走した場合に備えて「非常停止ボタン」の開発を進めていることが明らかになった。AIをいつでも安全に停止できる仕組みをあらかじめ組み込む。急速に進化するAIの悪用への懸念や社会の不安に応える狙いがありそうだ。

今年3月に世界トップクラスのプロ棋士を破った囲碁AI「アルファ碁」を開発したグーグル子会社、英ディープマインド・テクノロジーズの研究者と英オックスフォード大学の研究者のグループが仕組みを考案。このほどネット上で論文を公表した。

具体的には「割り込みポリシー」と呼ぶプログラムをAIに組み込み、人間の指示に従わなかったり、人間に危害を加えようとしたりする場合に、その行動を強制的に止めたり変更したりできるようにする。AIが「非常停止ボタン」を無効化しないように、あたかも自分で判断したかのように〝だます〟のがポイントだという。

研究グループによると、現存するいくつかのAIは安全に停止できるものの、「すべてのAIを安全かつ簡単に停止できるかは不透明」だとしている。

ディープマインドは2014年にグーグルによって買収される際、社内に倫理委員会を設置することを条件にするなど、AIの暴走リスクには自覚的なことで知られている。

図 3-1
"Introducing Spot"
（ボストン・ダイナミクス社のサイトより）

図 3-2
"Atlas, The Next Generation"
（ボストン・ダイナミクス社のサイトより）

このような対応策は、結局、いたちごっこになってしまうのだろうか。

ただ、気をつけなければならないのは、少なくとも現在まで、ロボットは自発的に悪事を働こうとしているわけではない。背後には、常に、「人間」という黒幕がいる。

◆ロボット虐待？

反対に、「ロボット虐待」批判も世界的な話題となった。発端《ほったん》は、2015年2月9日にYouTubeに公開された一本の動画だった。"Introducing Spot（スポットを紹介します）"と題されたこの動画は、ロボット研究で知られるボストン・ダイナミクス社が公開したものである。公開から約1年後の2016年3月6日時点で、約1300万回もアクセスされている。Spot（スポット）と名付けられた子犬風のロボットが4足歩行する様子を録画したものだが、歩行している途中で人間がスポットを足蹴《あしげ》にする様子も映されている。その行為が、「ロボット虐待ではないか」との批判が寄せられ、またそれに対して反論も出るなどして、2016年3月6日時点で7000を超えるコメントがついている。

さらに同社は、2016年2月23日に、"Atlas, The Next Generation（次世代ロボットアトラス）"という動画をアップした。これは、アトラスというヒト型ロボットの紹介動画である。アップロードから4か月弱たった2016年6月12日時点で、1700万回近く視聴されている。

動画の中で、アトラスは、足場の悪い山道を歩かされ、10ポンド（約4・5kg）の重さの段ボール箱をいくつも棚に並べる作業をさせられる。さらに、棒をもった人間が、ロボットの作業の邪魔をし、足蹴にしたりする。それでも、アトラスは、黙々と作業をやり直し、転んでも立ち上がるのである。これに対しても、2016年6月12日時点で3万4755件のコメントがつき、「ロボットを苛《いじ》めないで」などの意見もある。

無論、こうした動画は、ロボットに対する虐待を意図するものではなく、ロボットたちが

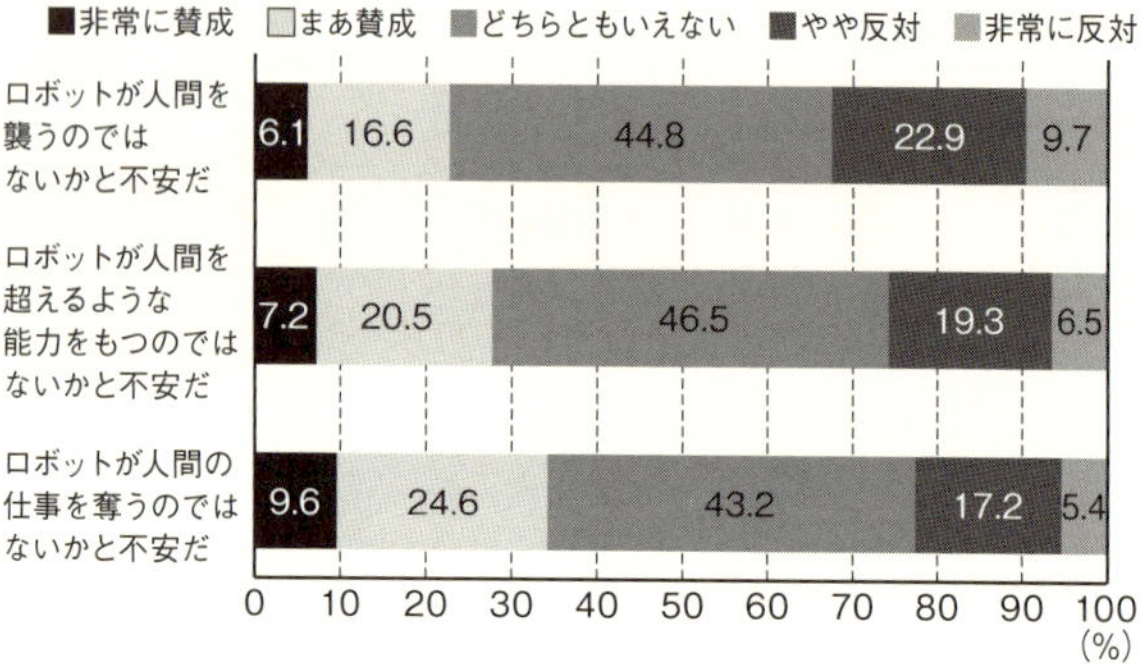

図 3-3　ロボットは人間の敵か？（%，N=5168，2015 年 5 月調査）

妨害のなかでもいかに作業を続行する能力をもっているかのデモンストレーションでしかない。にもかかわらず、人間たちは、知らず知らずに、ロボットに感情移入して状況を理解しようとする。こうした、一見、非合理な感情は、しかし「ロボットと共生する社会」を考えるとき、無視することができない因子である。

◆社会的不安の現状

一般の人びとはこうした問題について、どのように感じているだろうか。「2015年5月調査」から関連する結果をグラフ化したものを図3-3に示す。

これによれば、「ロボットに仕事を奪われるかもしれない」という不安については、不安をもつ人が不安をもたない人を上回るが、「ロボットが人間を超えるような能力をもつのではないか」という不安については賛否が拮抗《きっこう》しており、「ロボットが人間を襲うのではないか」については、反対が賛成を10％近く上回っている。

ただし、いずれの不安についても、「どちらともいえない」という回答が4割以上を占めている。ロボット問題について、さらに多くの議論が必要だ。

◆ロボットと人間の関係

今後、ロボットたちはもっと広い分野にわたって私たちの生活の中に入ってくるだろう。現在人間たちが担っている仕事のなかには、ロボットに代替されるものも現実に増えていくに違いない。このことについて、アメリカの経済学者であるロバート・ライシュ（1946―）は次のように述べている。

まず最初に、神話に躍らされないことが必要だ。将来を注視する人々は、不安定を失業と混同し、技術進歩が最終的には仕事を消滅させてしまうのではないかと気をもんでいる。だが彼らは、機械織機が機織職人の仕事を奪うからといって機械織機を打ち壊そうとした一九世紀初頭のイギリスにおけるラッダイト(機械打ち壊し)運動家たちと同じように間違っている。新技術は、確かに人々に転職や仕事のやり方を変えることを強いるが、新技術が仕事の総量を減らすことはない。人々の欲しいものにも、またそのために人々が喜んで支払うお金の額にも、必然的な制限はない。また何ができるか、あるいは何がもっとうまくできるかを見出しうる人間の知性と想像力にも際限はない。

社会がより豊かになり、科学技術によってさまざまなものがより手頃で、手に入れやすくなってくると、人々は単に生きていくのに必要な食物や衣類や住まい以外の部分、つまり無限に広がる飽くなき欲求のために、個人所得のより大きな部分を費やすようになる。(『勝者の代償』p.41-42)

この点について、私たちは本書でさらに考えていこう。

4

西欧文化の中のロボット

4-1　人工物と人工物観

◇ロボットは「人工物」

「ロボット」が人間にとって友だちになるのか、サポーターになるのか、それとも敵になるのか。それは結局のところ、「ロボット」が人間たちの世界観のどこに位置づけられるかによって決まるのかもしれない。

「ロボット」は、「人工物」のひとつである。「人工物」とは、つまり、「自然には存在せず、人間によって新たにつくりだされたもの」のことである。

元東大総長の吉川弘之氏は、人工物について、「自然物が人工物に変換されるとき、自然は変化を受ける。また人工物は作られるだけでなく使われる。この使うことによっても、自然は変化を受ける。このようにして、環境変化の主要な要因として人工物を考えざるを得ず、従って人工物は重要な概念となる。それは…(中略)…、自然とはまったく違うものでありながら、同じ重要性を持った存在なのである」(「人工物観」)と語っている。

私も、「人間は自然に手を加えることによって文明を築き上げてきた。機械技術ばかりではなく、都市も社会システムも、「人工物」である。その意味で、持続可能な世界を考えるには、「人工物観」という視座が極めて重要である。なぜなら、世界を「人工物」によって構成されたものと捉えることは、「世界」の現状に対して人間自身がその責任を引き受け、「自然」との根源的な共存を図ることに他ならないからである。環境問題にせよ、人口問題にせよ、貧困問題にせよ、今日われわれの眼前に迫る諸問題は、まさに、人間は人間の創り出してきた、そして今後も創り出そうとしている「人工物」に対していかなる責任をとるのか、とりうるのかという問いを突きつけている」(遠藤、2007)と考えている。

このような視点から見ると、人工物観とは文化の様式と密接に関係し、人工物としてのロボットに対する見方も文化の様式によって異なるだろう。

そこで、様式の異なる二つの文化圏でロボット技術がどのように展開してきたかを、欧米と日本を代表例として、大きく考えてみよう。

ただし、ここで〈欧米型〉〈日本型〉と呼ぶものは、あくまでも単純化した理念型(モデル)でしかない。現実には、それぞれの文化は、決して排他的ではなく、また固定的なものでもないことには注意してほしい。後でも述べるように、世界の諸地域は、いつの時代にも常に交流してきたし、反発することもあるが、互いに影響を与え合ってきた。その意味で、特定の地域に固有で純粋な〈文化〉はなく、常に〈間文化〉(多様な文化の相互作用としての文化の表れ)なのである。

4-2　ロボット・AIの歴史は「機械時計」とともに始まった

◆ロボットの始まりは機械時計

古代から、「時間」は宇宙の進行――「神」の力を人間たちに示すものであった。人びとは教会を通じて伝えられる「時」にひれ伏し、それにしたがったのである。

「西欧近代」は、「機械時計」を「世界」(のメカニズム)のメタファーとすることによって始まった。「時計仕掛けの宇宙」というたとえは、当時の科学者たちの合い言葉のようだった。自然科学だけでなく、17世紀の社会思想家トマス・ホッブズ(1588-1679)も、有名な『リヴァイアサン』の冒頭で、国家も自動機械の一種であると論じている。

機械時計は、1300年頃修道院で最初につくられたとされる。一定の時刻に神に祈りを捧げる必要があったからである。しかし、まさにこの機械時計によって、「時」は教会の管理を離れていく。人間たちが、神の仕事である太陽や星の動きではなく、機械の動きによって生活を律するようになっていったからである。

14世紀にはいると、イタリア諸都市で公共時打機械時計が現れる。公共時打機械時計とは、多くは市庁舎の塔(市塔)に取り付けられた機械時計で、市民の生活を律する役割を担った。この時期の機械時計は、重りやゼンマイによって駆動《くどう》され、冠型脱進機を通じて棒テンプを振動させ、これによって時間を一様に分割するような機構をもっていた。

機械時計の特徴は、時間が地域や季節に関わらない均等な単位で計られることである。これに合わせて、季節によらず、地域によらず、一日を等分して「時間」を決定するシステムを定時法という。これに対して、不定時法とは、「日の出」と「日の入り」をもって「昼」と「夜」を区別し、この自然のリズムに準じて「時間」を計るものである。すなわち、季節によって、昼と夜によって、地方によって、時間の長さが変化する。

西欧では、機械時計の出現と並行して、不定時法から定時法への切り替えがなされた。この転換は、時間計測の精密化という要請とともに、宗教上の理由から実用化されたにもかかわらず、新興都市の市民階級である商人や手工業者の指向に適合していた。「利潤」という観点からすれば、「時間」が「貨幣」と同様の価値をもつものとして認識されつつあったからである。フランスの歴史家ジャック・ル・ゴフは、このような社会における「時間」の変化を「教会の時間」と「商人の時間」との対立と表現している(『もうひとつの中世のために』)。公共時打機械時計の普及は、「商人の時間」すなわち世俗社会(初期資本主義)の勝利を意味するものであったとされる。

さらに重商時代にはいると、航海における経度決定の必要から、1657年にクリスチャン・ホイヘンス(1629-95)が振り子時計を完成した。振り子時計は、2つの意味で社会の産業化(資本主義化)を、また一段上のレベルへ引き上げる契機となった。1つには、時計産業自体が一層大きな営利をあげる産業へと進化したためであり、もう1つには、資本主義の発展にともなって、"Time is money(時は金なり)"が「社会倫理」として広まってきたためであった。

◇近代医学は人間を「機械」と考えるところから始まった

ロボットが具体的な姿をとって現れたのは、18世紀ヨーロッパだった。なかでも天才と呼ばれた職人ジャック・ド・ヴォーカンソン(1709-82)は、精緻《せいち》な自動人形をつくった。彼の作品である二羽のアヒルは「水をのみ、穀物をついばみ、ガアガア鳴き、水をはねとばして泳ぎ、食べものを消化し、排泄し、生きている動物と同じ」だったという。彼はさらに、血液循環の行われる完全な自動人間をつくろうと意図していたといわれる。

彼は幼い頃から時計技術に興味をもち、解剖学と力学を学んで、「生きている機械」をつくろうとの野心を抱いた。自動人形はその成果だったのである。

もちろんこのような野心の偉大な先駆者としてレオナルド・ダ・ヴィンチ(1452-1519)がいるが、ヴォーカンソンの野心の背景には、近代医学の祖といわれるウィリアム・ハーベー(1578-1657)の存在があった。ハーベーは、それまでの思弁的なギリシア科学を否定し、多数の生体解剖によって心臓と血液循環の機能を明らかにし、生命の発生をたどろうとした。ヴォーカンソンはハーベーが明らかにした生命のメカニズムを歯車によって再現できると考えたのである(立川『からくり』p.99)。

同時代を生きたフランスの医師ジュリアン・オフレ・ド・ラ・メトリ(1709-51)は、著書『人間機械論』に「ヴォーカンソンにとって、かれの「笛吹き」を作るには、「家鴨」を作るよりもより多くの技術が必要であったとすれば、「話し手」を作るためにはさらにそれ以上のものをもちいなければならなかったことは疑を容れないのである。こうした機械はもはや今日では、なかんずく新しいプロメトイスの手にかかったならば不可能と見なすことはできない」(同書 p.108)と書いている。「笛吹き」や「家鴨」は、まるで生きているように動く自動人形だった。

彼らにとって「自動人形」は、単なる玩具《がんぐ》、見世物ではなく、人間が「超越者=神」から自律し得ること、人間が「人間」を創造し得ることをしめす証《あかし》であった。

4-3　ロボットの夢

◇そして人間たちは知能と身体を人工的につくれると考えた

人間が「機械仕掛け」であるなら、機械から人間をつくることもできるはずだ、と人間たちは考えた。

ヴォーカンソンは、他にもさまざまな発明を残した。自動楽器を研究し、歯車製造用カッターを発明し、また織機の開発にも熱中した。やがて、1745年、世界最初の力織機モデルを製作、さらに紋織機《もんおりき》のアイディアの実現を試みた。

この力織機は1786年、イギリスのエドモンド・カートライト(1743-1823)によって実用化され、産業革命の原動力となった。また一方、ヴォーカンソンの紋織機は、フランスのジョゼフ・マリー・ジャカール(1752-1834)によって、1804年にジャカード織機として完成する。これは、紋紙《もんがみ》(パンチカード)の穴のあけ方次第でさまざまな模様の織物を織りだすことのできる、画期的な織機だった。

そして、この紋紙制御《せいぎょ》方式がヒントとなり、19世紀になると、イギリスの数学者チャールズ・バベッジ（1791－1871）が、「解析機関 analytical engine」と呼ぶ万能自動計算機械を構想する。この計算機は結局完成しなかったが、およそ100年後、プログラムによる逐次《ちくじ》制御方式のノイマン型コンピュータとなって結実するのである。

ただし、歯車技術にもとづく計算機の考案は、別系統にもさかのぼり得る。パスカル（1623－62）は、地方税務監督であった父の仕事を手伝うため、10進8桁の加減算を行う歯車式卓上計算機を発明し、パリの大法官から特許を得た。また、ライプニッツ（1646－1716）は、形式論理学を開拓し、加減乗除を行う〝ライプニッツの歯車〟を完成させた。さらに彼は、20歳の時の論文で「すべての論証がある種の計算に還元されるような一般的方法の確立」を構想している。

こうして、時計と自動人形の技術は、先端技術・高付加価値商品として、社会の産業化を推し進めた。同時に生産性向上のための分業制度を生み、近代資本主義の始発点となった。そして、時計から自動人形への展開の延長線上に現れたコンピュータは、まさに高度に発展した現代の後期資本主義社会の基盤となっている。

◆自律したロボットが、科学者たちの夢だった

先にも述べたように、古代から、「時間」は神の営みである太陽の運行を示すものであった。だが、この「時」の計測が「自動機械」としての歯車時計に委《ゆだ》ねられたとき、「宇宙」は超越的な「存在」ではなく、その進行(生成)のメカニズムを探求し得る対象となったのである。この探求が「近代」を特徴づけるものといえる。「探求」は一方で「宇宙」(自然法則)に向かい、一方で「人間」に向かった。

近代人たちは、「人間」が「人間」であることを保証するのは、超越的な霊魂ではなく、よくできたメカニズムであると見切った。そこから近代医学が始まり、そのメカニズムを(時計と同様)歯車で構成することが可能であると発想したところに、機械的に動く自動人形(オートマタ)が生まれる。そしてさらに、人間や宇宙の振る舞い(behavior)を擬《ぎ》するだけでなく、それらを自動的に創出する「メタ自動機械」として「コンピュータ(計算機)」が構想されたのである。

現在、実現が期待されている次世代ロボットも、当然、この延長線上にある。機械的に実現された身体と、コンピュータ技術の粋《すい》としてのＡＩを備え、自律的に思考し、判断し、行

為する「パラ（擬似《ぎじ》）人間」である。

◆機械と人間の戦い

人間たちは自分たちの似姿としての擬似人間をつくり出すことを夢見た。しかし、それは、人間の召使いをつくり出す欲望であると同時に、恐るべき敵をつくり出すことでもあった。ヴォーカンソンらによってつくり出された自動織機やその他の自動工作機械は、動力としての蒸気機関の発明とともに、社会や経済に大きな変化をもたらした。「産業革命」と呼ばれている社会変動である。

産業革命は、それ以前の職人の仕事を、自動織機などの自動工作機械によって奪い取るものだった。職を失う不安に駆られた手工業者や労働者たちが、繊維産業の盛んな地域で機械打ち壊し運動を起こした。19世紀初め、イギリス中・北部の織物工業地帯で起こった運動は、「ラッダイト運動」と呼ばれる。

こうした運動は、感情的な暴発のようにも語られるが、その後の「労働運動」へと発展していったという特性もある。

また、単に人間による労働が自動機械によって代替されたというよりも、この時期、労働全体の合理化(精緻な時間管理など)が行われるようになったことも、機械打ち壊し運動の背景にあるといわれる。

4-4　現代〜未来へ——ロボットのつくり出す新たな産業革命の夢

◆ロボットの時代

ロボット(自律的自動機械)技術の発展は、社会全体を大きく変化させる「産業革命」と強く関わっている。

そして現代、さらに新たな段階へと進化したロボット技術は、「第四次産業革命」という段階へと進もうとしている。第四次産業革命では、AI、ロボット、仮想現実、IoT、ビッグデータなどの新技術を用いて、サイバー空間と物理空間を一体化するサイバー・フィジカルシステムが、生産のベースとなる。それは、社会にとってほんとうに「夢の実現」となるのだろうか?

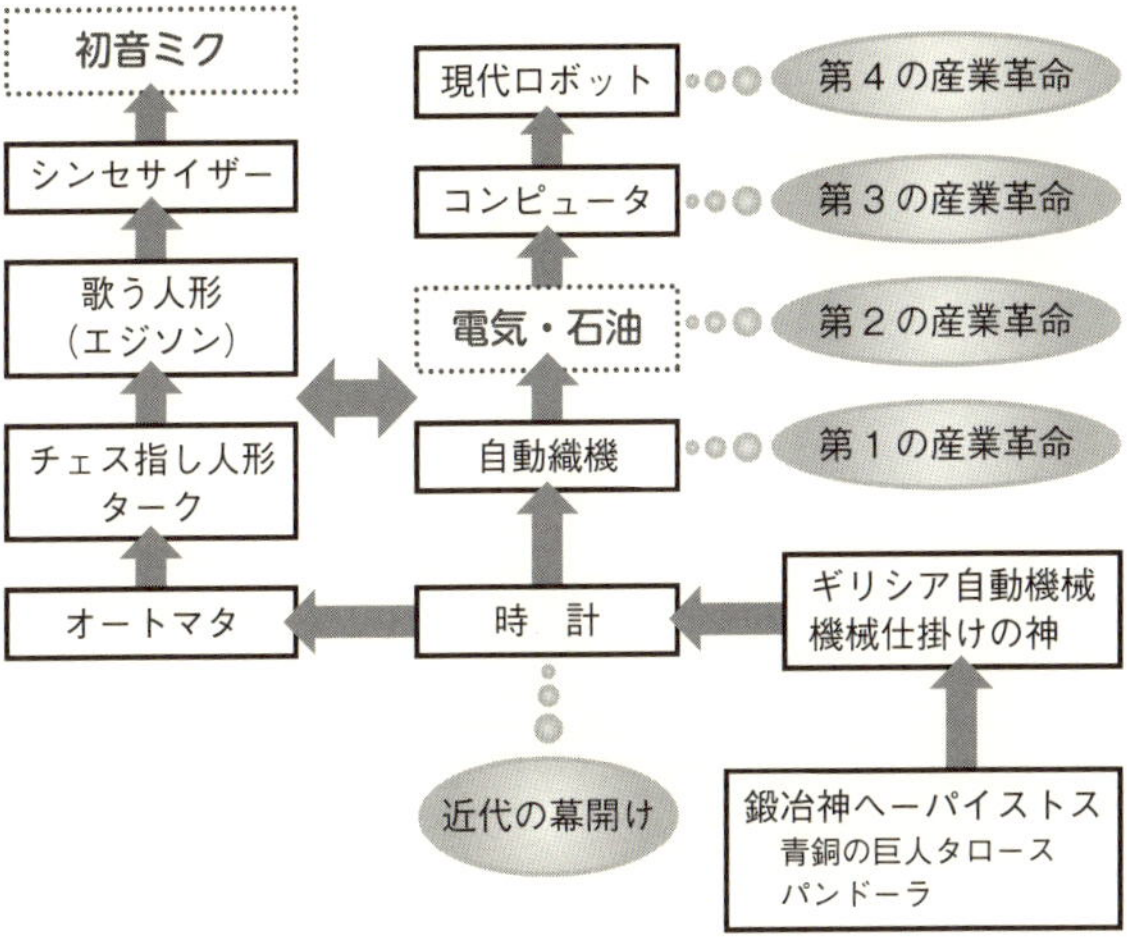

図4　ロボットの系譜(欧米)

5

日本文化の中のロボット

5-1　南蛮船が日本に「時計」をもってきた

◇時計技術の伝来

「日本は新しい技術をつくり出さない。日本は他国から導入された新技術を巧《たく》みに改良する」と、よくいわれる。結構あやうい憶説《おくせつ》で、あまり鵜呑《うの》みにしてはいけない。とはいうものの、表面的にそう見えるケースはいくつもある。

日本では、自動機械技術はほとんど外国からの技術移転であった。そのためか、あるいはまた別の理由によるのか、個別技術は分離したままそれぞれで展開し、それらが近代科学として体系化されることはなかった。またこの帰結として、それらの「実学」としての有用性も十分とはいえなかった。この不完全性が、洋学への関心を潜在的にかきたて、結果として明治維新へとつながったともいえるかもしれない。

日本に最初にもたらされた機械時計は、1551(天文《てんぶん》20)年、宣教師フランシスコ・ザビエルが大内義隆《おおうちよしたか》に献上したものであるという。しかしその後も、時計が大量に輸入されることはなかった。日本では、季節や場所によって「時間」が異なる不定時法がそのまま引き継がれたため、定時法を前提とした機械時計は生活になじまなかったのである。

とはいえ、日本国内でも時計技術が発達しなかったわけではない。高梨生馬(『からくり人形の文化誌』p.36-37)によれば、1598(慶長《けいちょう》3)年、津田助左衛門政之《つだすけざえもんまさゆき》は、外来の機械時計を分解し、構造を解析し、その原理を模倣《もほう》することによって、最初の国産時計をつくった。さらに、元禄頃《げんろく》になると、不定時法に合わせて、昼夜の時間の長さを調整できる和時計が実用化された。和時計は複雑な機構を備えた高度な職人芸の結晶ではあった。しかし、精妙なだけに維持や修理が困難であり、また高価だった。したがってこれを所有できるものは大名や富裕層に限定された。

この障害を越えて一般消費が大量生産と結びつくには、それだけの誘因が必要である。先に述べたように、西欧においては、「教会の時間」と「商人の時間」とのあいだの鋭い対立関係が、機械時計の社会的浸透《しんとう》を促《うなが》した。しかし日本においては、確かに時間の管理は寺社に委《ゆだ》ねられることが一般的であった(梵鐘《ぼんしょう》などによる時報)が、江戸期、すでに宗教の力は弱く、社会の世俗化が進行していた(17世紀中頃以降、時間の管理も城下町では寺が管理する梵鐘から世俗の時鐘へと移行したのではないか、と角山栄は推測している。『時計の社会史』参照)。このことは日本に来た外国人たちの日記にもしばしば言及されている。

その結果、「神(自然)」と対峙《たいじ》する「市民権力」(あるいは神と世俗との対立そのもの)は存在しなかった。そのような社会状況においては「時計」は象徴的価値をもちえず、不定時法によって限界づけられる狭い共同体の内部で営まれる生活においては「時間」が対象化される必然性も大きくはなかったのであろうと考えられるのである。

そうはいっても、日本でも、時間の経済的合理性をある程度理解し、また取り引きの時間として時間を対象化する必要性の最も高かった商人層にとっては「時計」は魅力的な技術であっただろう。だが、江戸期には、「商人」は西欧のように社会の中心をなすものではなく、「士農工商」の階層によって(少なくとも名目上)低い地位に押さえ込まれていた。

西欧では資本主義と技術とが相乗的に発達したのだが、日本では資本主義も新技術もともに抑制《よくせい》されていたのである。

5-2 日本における時計技術の展開

◇国内の時計技術者

それでも、時計に興味をもった幕府や藩主に専属する形で時計師集団が生まれていった。たとえば、尾張徳川家に仕えていた津田助左衛門、江戸徳川家に仕えていた廣田利右衛門《ひろたりえもん》らである。また、御用時計師以外にも、各地に時計職人が現れた。

当時の機械技術の一端《いったん》を今に伝えるものとして、土佐の細川半蔵頼直《ほそかわはんぞうよりなお》の『機巧図彙《きこうずい》』(1796)がある。その首巻には、掛け時計・櫓《やぐら》時計・枕時計・尺時計についての工学的説明と図解が示されている。歴史学者の立川昭二は、日本において一般的な技能の秘儀化をせず教科書として公開している点、製作法よりも機械学的原理の解説に力点がおかれている点で、特にこの書の意義を高く評価している(『からくり』p.133-135)。

しかし、『機巧図彙』に対するこの評価は、裏返せば、これ以外には見るべき技術書が存在しないこと、すなわち、各時計師集団の技術は秘伝として外部の目から隠され、細川のような特殊な人物を除いては、自然科学としての体系化が試みられることがなかったことを意味している。高梨(『からくり人形の文化誌』p.49)は、尾張津田家の生産システム(部品外注方式：特別の契約をした者が特定の部品の技術確保のみに責任を負う。さまざまな業者によってつくられた部品を組み立てるという形で津田家の製品が生産される)に日本的経営の原点を見出しているが、まさにこのシステムが技術を分断し、秘儀化したとも疑いえる。

◆日本では、時計技術は産業・科学ではなく、文化・芸術として発展した

こうしたなか、江戸期の自動機械技術の中心は、次第に「時計」から「からくり」見世物へと移行していった。『機巧図彙』の上下巻は、首巻の時計技術の解説を踏まえて、「からくり人形」のメカニズムの説明に当てられている。

わが国で機械人形といえば、『今昔物語』巻24の「高陽親王造人形立田中語(高陽親王《かやのみこ》、人《ひと》形《かた》を造りて田の中に立つる語《こと》)」(第二)、「百済川成飛弾工挑語(百済川成《くだらのかわなり》と飛弾《ひだ》の工《たくみ》と挑む語《こと》)」(第五)などの物語が知られている。

しかし、前者はちょっとした仕掛けが人びとを興がらせたという話であるし、後者は実物に見えるほど巧みな絵の物語であって西欧の自動人形とは趣《おもむき》を異にする。これらの説話は、

中国宋《そう》代の機械技術がこの時期に日本に伝来していたことをうかがわせるが、その後、傀儡《かいらい》師《し》による大道芸はあるものの、機械技術の顕著《けんちょ》な展開はみられなかった。

そうした状況のなかで、17世紀に、「竹田からくり」が現れる。竹田からくりについては、1798(寛政《かんせい》10)年刊の『摂津《せっつ》名所図会《めいしょずえ》』には次のように描かれている。

竹田《たけだ》近江《おうみ》という人物が子どもの砂遊びから砂時計の機構を考案し、これを使ってからくり人形を製造した。1658(万治《まんじ》元)年にこれを宮中に献上し、1662(寛文《かんぶん》2)年大坂でからくり芝居の興行を始めた。竹田からくりは初代近江の死(1704年)後も子孫に受け継がれ、旅人たちも竹田からくりを見物しなければ大坂へ来た甲斐《かい》がない、といわれた。

さらに立川昭二は、次のように説明している。竹田近江はもともと、「永代時計」という人びとを驚かせるような精巧《せいこう》な時計をつくった時計師であったが、時計師としてよりも、「からくり芝居」の創始者として歴史に名を残すことになった。竹田家は近江の後を継いで竹田座として栄えた。同時に、初代近江の次男といわれる竹田出雲《いずも》は、竹本義太夫《たけもとぎだゆう》が創始した浄《じょう》瑠璃《るり》一座に座本として迎えられた。その子の二代出雲は『仮名手本忠臣蔵《かなでほんちゅうしんぐら》』などの名作を残す。

こうして竹田家は竹田座と竹本座を制し、その他にも有力なからくり座が輩出して、17世紀後半から18世紀前半の興行界は、からくり芝居の全盛であったらしい。ちなみに、竹本座の座付き作者として名高い近松門左衛門《ちかまつもんざえもん》(１６５３-１７２５)は、やはりからくり芝居を興行していた宇治加賀掾《うじかがのじょう》の弟子でもあり、『国性爺合戦《こくせんやかっせん》』などはからくりをつかった浄瑠璃の傑作である。

しかし、大衆の人気が高まるにつれて、皮肉にも、「からくり芝居」は、次第に、技術性(「からくり」そのもの)よりも芝居としての面白さにシフトしていく。この過程で、からくり芝居は人形づかいが芸を競う人形浄瑠璃として完成し、またよりダイナミックな歌舞伎の中へと吸収されていく。人気の衰えとともに、１７６８(明和５)年竹田座が消え、１７７２年には竹本座も閉じられる。

その後のからくりは、独立した技術としてではなく、祭の山車《だし》の見世物や、歌舞伎の大仕掛けとして使われるようになる。たとえば、『楼門五三桐《さんもんごさんのきり》』の大セリ、『忍夜恋曲者《しのびよるこいはくせもの》』の屋台崩し、なかでも『四谷怪談《よつやかいだん》』では、回り舞台はもちろん、「戸板返し」「仏壇返し」「提灯《ちょうちん》抜け」など、非現実の世界がからくりによって存分に可視化される。

さて、このような日本の「からくり」は、西欧の「自動人形」と対置しえるものなのだろうか。日本の「からくり」の特質を要約すれば次のようになるだろう。

第1に、それは決して実用のためのものではなく、「見せ物」である。

第2に、必ずしも「写実」をめざすわけではなく、むしろデフォルメした表現によって「本当らしさ」を出そうとする。

第3に、駆動《くどう》装置は大体人間であって、完全な自動機械をめざすことはない。

第4に、観客もまた、眼前に展開されているスペクタクルが、あくまでも「からくり」にすぎないことを知っており、その上で、からくりの面白さを楽しもうとしている。

第5に、「からくり」は、「現実には起こらないこと」を見せるために使われる。たとえば、空間や時間の転換、あるいは、怪異現象などである(遠藤、1993)。

これに対して、西欧の「自動人形」は次のような背景を負っている。「自動人形」は、近代医学、近代自然科学の壮大な体系の一環をなすものとして構想され、遠からぬ未来に実用に役立つと見なされた研究成果であった。したがって、「写実」である以上に「現実＝自然」の再生であった。当然、駆動源が自動化されなければ意味はない。観客もまたそのことを承知した上で、「自動人形」に「世界」を見ようとしたのである（遠藤、1993）。

こうしてみれば、「からくり」と「自動人形」は、両者ともその始点を「時計」に置き、また形式的には似通った表現をとりながらも、むしろ互いに正反対の方向を差し示しているように見える。

5-3　近代日本と時計技術

◆しかし、日本の近代化を引っ張ったのも時計産業だった

このように、日本では西欧のように、「機械時計」的世界観の発展形態として近代的科学

技術を発達させることはなかった。しかし、では日本の技術レベルが停滞していたのかといえば、それも違うところが不思議といえば不思議だし、興味深いといえば興味深い。

先にも見たように、日本で時計技術、時計産業が発展しなかったのは、時制の問題が大きく関わっていた。

しかし明治になると、日本でも、新政府が時制の改訂《かいてい》に着手する。『明治事物起源』によれば、1872(明治5)年11月9日の詔勅《しょうちょく》により、太陽暦の採用が定められ、明治5年12月3日を明治6年1月1日とすることとなった。さらに、明治19年7月12日には、明治21年1月1日をもってグリニッジ標準時を採用するとの勅令が出された。

こうして日本でも、欧米と同じ時間を共有し、機械時計を基準とした生活が営まれる基盤が設定されたのである。

それは、日本で改めて時計産業が始まる合図でもあった。

当然のことながら、当初、時計は輸入に頼らざるを得なかった。

しかし、明治20年代になると、本格的な時計の国産が開始される。1924(大正13)年に編まれた名古屋市『産業調査』によると、日本で維新後初めて時計を製造したのは、岡崎市の中條勇次郎という人物だったが、その後、名古屋で舶来《はくらい》時計商を営んでいた林市兵衛に製造権を譲った。林は明治20年4月に時盛舎《じせいしゃ》(後に林時計製造所)を設立した。その後、名古屋だけでなく、東京や関西にも次々と時計工場がつくられていく。

しかし、明治30年代をピークとして、時計工場は淘汰《とうた》され、結局、東京では精工舎《せいこうしゃ》だけを残して、後は名古屋の工場だけとなる。こうして時計産業は、あたかも名古屋の地場産業のような様相を呈することとなる。明治から大正にかけてのこのような名古屋時計産業については、これを、津田助左衛門に発する時計師集団に帰する説もある(遠藤、2008)。

もっとも、この時期、名古屋だけでなく、京阪や東京でも時計を製造する企業が続々と現れた。時計師集団は、江戸期にも、名古屋だけでなく各地に存在した。江戸期の時計師集団と、明治期の時計製造業とのあいだの関係は、必ずしも明らかではない。

いずれにせよ、時計の国内需要は急激に伸びていく。しかしながら、いったん全国的に増加した時計製造業者は、明治30年あたりをピークとして減少に転じ、ほぼ名古屋だけになってしまう。

◇近代日本の時計産業

一方、唯一、東京で存続した時計業者が、服部《はっとり》金太郎の服部時計店である。現在も銀座四丁目の角にそびえる服部時計店(和光本館)の時計台は、明治という新しい時代の繁華街である銀座を象徴するものだった。この時計台からもうかがわれるように、服部金太郎は、まさに明治の立志伝中の人物であった。

いろいろな文献によれば、服部は、1860(万延《まんえん》元)年10月9日、江戸京橋采女町《うねめちょう》に生まれた。父は尾張の出身で、江戸では夜店で商いをして生計を立てていた服部は学問を好んだが、そのような赤貧の生活ではままならず、13歳の時に京橋八官町《はちかんちょう》の辻唐物店の丁稚《でっち》となった。15歳の時に日本橋の亀田時計店の弟子にはいり、さらに下谷黒門町《したやくろもんちょう》坂田時計店で、時計の商売と技術を習得する。

明治14年にようやく京橋采女町に自分の店を開くが、16年に火災にあってすべてを失う。それでも木挽町《こびきちょう》で新たな店を出し、明治20年には銀座に店を移した。

こうして服部は、まず外国時計の輸入商として成功したが、時計の国産化をめざし、明治25年に本所石原町《ほんじょいしわらちょう》に精工舎を設立し、まずは掛け時計の生産を始めるが、28年には懐中時計の生産も開始した。その後32年から欧米を視察して、近代企業としての精工舎を発展させたのであった(宮村無声編『成功と失敗』、大月隆編『成功百話』など参照)。

ここで興味深いのは、第1に、服部が、学校へ行くこともできない貧しい出身であるにもかかわらず、社会の動向や(開国間もない時期だというのに)海外の文物にも敏感であり、自らの才覚によって階層を上昇していくことができたということである。これは、豊田佐吉《とよださきち》(1867－1930)など、同時代の多くの成功者にもみられる点であり、当時の社会が、私たちには意外に思えるほど流動性が高かったことを示している。

第2に、服部金太郎自身は江戸生まれであるが、その父は尾張出身であるという点である。すなわち、先に、江戸期からの尾張(名古屋)の時計師集団が名古屋の時計産業の基盤になったのではないかとする説を示した。しかし、名古屋の時計産業は必ずしも十分に近代産業への脱皮を果たし得なかった。

一方、服部は、幼少の頃から時計商に丁稚奉公に出ているが、その背景には、父の尾張(名古屋)ネットワークが、陰《いん》に陽《よう》に関係していたのではないだろうか? つまり、服部もまた、間接的に江戸期時計師集団の伝統を継承し、かつ、江戸の地でそれを相対化することができたゆえに、明治日本ですばやく大規模時計産業を創設することができたのではないだろうか？

ここには、はるか昔にザビエルによってもたらされた機械時計の技術が、日本(名古屋)においてローカルなからくり技術として集団的に保存され、それがまた、黒船の来航によって刺激を受けて新たに展開するという、二重らせん的プロセスが観察されるのである。

◆田中久重と豊田佐吉

服部と同様に、西欧の技術をいち早く日本に導入して、今日《こんにち》のロボット・AI産業へと続く日本の近代産業化に貢献した人は多い。

たとえば、田中久重(1799–1881)は、久留米の鼈甲細工師《べっこうざいくし》の長男として生まれたが、幼い頃からからくり技術に才能を発揮し、「からくり儀右衛門《ぎえもん》」と呼ばれるようになった。

彼がつくった有名なからくりとしては、「弓曳童子《ゆみひきどうじ》」や「文字書き人形」などがある。1851(嘉永《かえい》4)年に製作された、不定時法に対応する「万年時計(万年自鳴鐘)」は機械時計として優れているだけでなく、蒔絵《まきえ》や螺鈿《らでん》などの伝統工芸が施《ほどこ》され、芸術品のように美しい。国の重要文化財に指定されており、上野の国立科学博物館に展示されている。

その後、佐賀藩で蒸気船の製造に関わるなどし、1875年には、東京京橋に電信機製作の田中製造所を設立した。久重の死後、田中製造所は芝浦に移転し、株式会社芝浦製作所となった。現在の東芝の基礎である。東芝が、現代の日本のコンピュータやロボット・AI産業の中核にあることは周知である。

そして、豊田佐吉は、三河吉田藩の農家に生まれた。農業の傍《かたわ》ら大工の仕事もしており、佐吉も大工修業をしたが、時代の流れを見極め、織機の改良に取り組むようになった。豊田式木鉄混製動力織機（豊田式汽力織機）、無停止杼換式《ひがえしき》自動織機（G型自動織機）をはじめとして、数多くの特許を取得し、豊田紡織、豊田紡織廠（現在のトヨタ紡織）、豊田自動織機製作所（現在の豊田自動織機）を創設した。これらが、現在のトヨタ・グループの元となった。トヨタ・グループもまた現在、ロボット開発に注力している。

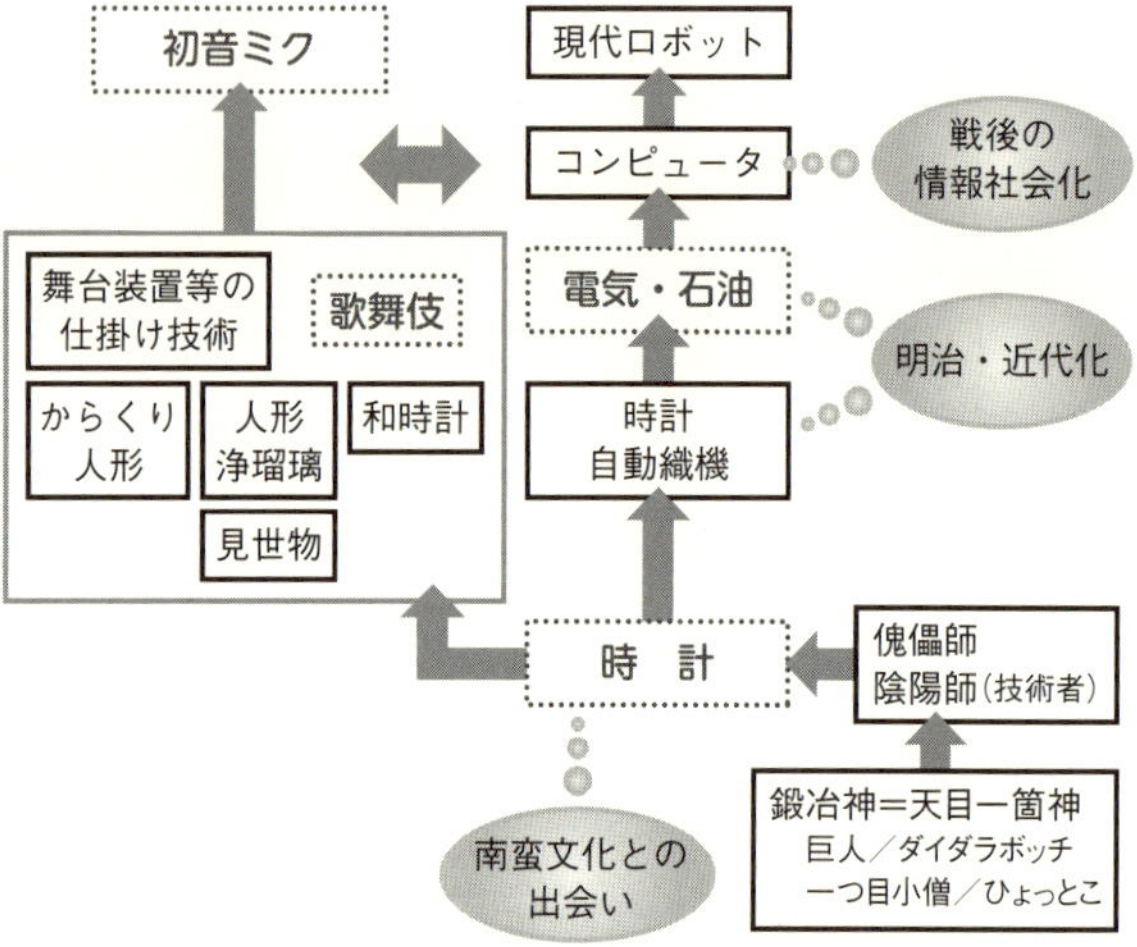

図５　日本におけるロボットの系譜

◇日本のロボットたちは自律しない

明治以降、日本の機械技術が急速な発展を遂《と》げたことは誰もが知っているとおりである。

第二次大戦後は、コンピュータやロボットの技術開発で、世界の最先端を走ってきた。

それでも、近世以前の「人工物観」は、技術進化の折節に現れる。それは日本の技術の長所ともなり、短所ともなる。

日本のロボット技術の歴史的な特性は、欧米のそれのようには「自律性」にこだわらない、という点である。江戸時代の「文楽(浄瑠璃)人形」のように、むしろ人間と一体化することによって、高いレベルの性能を達成しようとする傾向が見える。たとえば、〈初音ミク〉のように。

それは日本の技術の弱点なのだろうか？

この点について、さらに次の章で考えることにしよう。

6

反乱するロボット、涙を流すロボット

——物語のなかのロボットたち

6-1　人造人間の倫理──フランケンシュタインと西行

◆フランケンシュタイン博士と人造人間の激しい愛憎

西欧と日本における「人造人間」観の違いは、古い物語のなかにも顕著《けんちょ》に現れる。

西欧の古典的人造人間物語として、1818年にメアリー・シェリーが書いた『フランケンシュタイン』がある。若く優秀な医者であるフランケンシュタイン博士は、親しい人の死を悲しむ者たちを救おうと、人間を生き返らせる研究に没頭する。そのような行為は神に背《そむ》くものだといさめる恩師をも振り切って、罪人の死体から人造人間をつくり出す。しかし、生命を得た人造人間のおぞましい姿を見て、自分のしたことを後悔する。人造人間は、フランケンシュタイン博士の愛する者たちを次々と傷つけていく。そして、人造人間に憎悪の言葉を投げつけるフランケンシュタイン博士に、人造人間はこう問いかける。

「人はみなみじめな者を嫌う、だったらどんな生き物よりはるかに不幸なこのおれが、嫌われぬわけがない！　だが、わが創り主よ、おまえが被造物のおれを憎み、はねつけるのか。どちらかが滅びぬかぎり切っても切れない縁で結ばれているわれわれなのに。それを殺そうというのだな。どうしてそんなふうに命をもてあそぶことができるのだ？」（シェリー『フランケンシュタイン』）

フランケンシュタイン博士のつくった人造人間は、自分を勝手につくり出しておきながら、人造人間を忌み嫌い、抹殺《まっさつ》しようとする人間たちに、激しい愛と憎悪を訴えるのである。

◆西行の反魂術《はんごんじゅつ》の静かな悲しみ

同じく人造人間の物語でありながら、『フランケンシュタイン』とははっきりとした違いを見せつけるのが、日本の『西行撰集抄《さいぎょうせんじゅうしょう》』である。この書は、漂泊の歌人・西行（1118-90）の旅日記のような体裁をとってはいるが、13世紀頃に成立した説話集である。江戸期に至るまで刊行され、多くの人に読まれた。そのなかに「西行於高野奥造人事（西行が高野山の奥で人を造ること）」という、こんなエピソードがある。

力を求めて人をつくる
(人造人間は禁忌)
人造人間の醜悪さによって,
人造人間を殺す

図 6-1 『フランケンシュタイン』
1818 年メアリー・シェリー作. 1931 年映画化

友を求めて人をつくる(人造人間は禁忌ではない)
自らのつたなさを省みて, 人造人間を自然に戻す

図 6-2 『西行撰集抄』挿絵:井原西鶴　貞享 4 (1687) 年 5 月, 大坂の河内屋善兵衛という版元から刊行. 西行が高野山で死者の骨から人造人間をつくるという話(名古屋大学附属図書館蔵)

高野山の奥山を旅していた西行は、寂しさに友がほしくなる。そこで、かねて教わった反魂術(人を生き返らせる方法)を思い出し、人の骨を取り集め、人間をつくり出す。しかし、できたものは人間にはほど遠く、心を持たない存在にすぎなかった。

西行は落胆し、命を与えてしまったものを殺すのは罪深いと考え、もし誰かが見つけたら「化け物」とおびえるだろうと、人も通らない場所に捨てる。時を経《へ》て、自分がなぜうまくできなかったのかを理解するが、そのようなことはすべきではないと思うのだった。

この物語では、西行のつくった人造人間は、何も語らず、何も行動せず、おそらくは西行のなすがままに深山にうち捨てられて、やがてつかの間与えられた命も消えたのだろう。西行もまた、積極的に人造人間を抹殺しようとすることはなく、ただ彼を自然のなかにそっと戻して去るのである。

6-2　反乱するロボットと夜行する付喪神たち

◇チャペックが描いたロボットの反乱

現在では一般用語となった「ロボット」という言葉は、もともとはチェコの作家カレル・チャペックの戯曲『R・U・R』(1920)のなかで初めて使われた。タイトルであるR・U・Rとは、「Rossum's Universal Robots(ロッサム万能ロボット製作所)」の略称で、「ロボット」とはこの会社の製造する人造人間につけられた商品名である。

人間は自分たちがやりたくない仕事――汚い仕事や危険な仕事をやらせるためにロボットをつくった。嫌な仕事を嫌だと思わないように、ロボットたちに「感情」は与えられなかった。しかし、「怖い」という感情ももたないロボットたちは、危険を回避しようとしないために、損壊のリスクも高かった。そのコストを抑制するために、人間はロボットに感情を与える。すると、ロボットたちは自分たちと人間のあいだの不平等性に気づいてしまう。ロボットたちは不満を持ち、人間以上の高度な知能と組織性によって、人間を駆逐《くちく》し、人間に取って代わってロボットの社会をつくり出す。

図6-3　『付喪神繪』（国立国会図書館蔵）（一部）

◆物の妖怪・付喪《つくも》神《がみ》

反乱する「ロボット」と、「妖怪」たちを比較するのは奇妙に思われるかもしれない。しかし、有名な『百鬼夜行絵巻』に描かれた妖怪たちの多くは、古くなって捨てられた道具たちが妖怪化した、「付喪神」たちである。

『付喪神繪』は、「康保《こうほう》のころ（964-968年）年末の煤払《すすはらい》の日に捨てられた古い道具たちが付喪神となって人間を襲う。護法童子《ごほうどうじ》や尊勝陀羅尼《そんしょうだらに》などの密教の法力によって調伏《ちょうぶく》され、出家して真言宗をまなび、深山で修行したのちに成仏する」という物語である。

この「古い道具たち」もまた、人工物である点、人間たちに酷使されたあげく、使い捨てられたものたちである点で、フランケンシュタインの怪物やチャペックのロボットと同じ立場にあり、同じように反乱を起こす。しかし、結末は異なっている。彼らはより高次の世界観に触れて、人間と対抗することのむなしさを知り、出家して最後は仏となるのである。

6-3　ジョン・ヘンリーと列車に化ける動物たち——機械文明への抵抗説話

◇機械と戦った英雄

第4章で「ラッダイト運動」について紹介した。

アメリカでは、機械文明への抵抗を「ジョン・ヘンリー」という英雄の行動によって物語る。ジョン・ヘンリーとは、1870年代に名を知られた、凄腕《すごうで》の黒人の（多分架空の）鉄道建設工夫だった。蒸気ドリルが発明されて、工夫たちの仕事が奪われていった。ジョン・ヘンリーは人間の誇りをかけて、蒸気ドリルと能力を競う。その結果、ジョン・ヘンリーはぎりぎりで戦いに勝つが、力尽きて死んでしまうのである。

彼の物語は、たくさんの歌になった。たとえば、こんな歌だ。

ジョン・ヘンリー（1）
ジョン・ヘンリーが小さい赤ちゃんだったとき　パパのひざに座っていた
ハンマーとたがねを一本取り上げて言ったんだ
「ハンマーが僕の死を招くんだよ（主よ主よ）　ハンマーが僕の死を招くんだよ」
ボスがジョン・ヘンリーに言った「蒸気ドリルを持って来るぞ
蒸気ドリルに仕事をさせるぞ　たがねを思いきり打ちこんでやる」（主よ主よ）
ジョン・ヘンリーはボスに言った「人は人じゃないか　いつかは死ぬんだ
蒸気ドリルにやられるくらいなら　ハンマーを手にして死んでやる」（主よ主よ）
（中略）
蒸気ドリルを発明した男は　自分はたいしたもんだと思っていた
でもジョン・ヘンリーは一五フィート掘って　蒸気ドリルはたったの九フィート（主よ主よ）
ジョン・ヘンリーは山にハンマーを振るい　ハンマーは火を噴いた

でも彼は働きすぎて　心臓が破れた　ハンマーを置いて　死んでしまった(主よ主よ)
(中略)
月曜日の朝になると　青い鳥が歌いはじめ　一マイルも二マイルも　いやもっと離れたところから
ジョン・ヘンリーのハンマーが響いてくる(主よ主よ)
(訳・ウェルズ恵子)
(「黒人鉄道工夫、ジョン・ヘンリーの歌」『史料で読むアメリカ文化史3』p.136-137)

ジョン・ヘンリーの物語は、産業社会の発展のなかで、取り残されていった工夫たちの悲しみを伝えている。

◆機械のマネをする妖怪たち

一方、日本でも、鉄道網が拡大していった明治・大正期、鉄道に対抗しようとしたものたちがいた。ただし彼らは、「ヒーロー」ではなかった。

民俗学を創始した柳田國男《やなぎたくにお》の友人であった佐々木喜善《きぜん》(1886-1933)が書いた『東奥異聞《とうおういぶん》』のなかに、1921(大正10)年10月21日の『万朝報』に掲載された記事が紹介されている。

雨のそぼ降る六月の朧月夜であった。潮沢山中の白坂トンネル付近に進んだ列車の機関士が、前方からくる一列車を認めた。非常汽笛を鳴らすと同じく向こうでも鳴らした。止まると向こうも止まった。鏡に映すようにこちらの真似をする。機関士は思いきってまっしぐらに進行を始めた。衝突と思う刹那に怪しい列車は影を消した。その後も二、三度あった。いつも月の朧な夜であったが、やがて線路に一頭の古ギツネが轢死した後はその事も絶えた。付近にいまでもそのキツネの祠があるとか、怪しい列車はキツネの化けたものとして土地の人は信じている。

柳田國男も、よく似た風説を記録している。

東海道の鉄道沿線には狸がよく汽車の真似をする。まず遠くに赤い燈光が見えると思うと次第にガーガーと凄じい音響が加わるので何であろう、貨物列車も通る時間じゃないと思うて間近くなるや、燈光は車輪の響きとともにバッタリ跡方もなく消え失せる、これは狸の仕業だという話もある。また常陸の霞浦附近、すなわち土浦辺ではよく狸が河蒸気の真似をして、ポーポーッと威勢よく入って来る。今夜は常よりも少し早く入って来たなと思って岸に出てみると何の影もないという話も聴いた。

（「狸とデモノロジー」『柳田國男全集24』p.644）

お化け博士といわれた井上円了《えんりょう》も同様の説話に言及しているので、よほど評判になった噂だったのだろう。

それは、結局、当時の人びとの潜在的な意識、つまり、ジョン・ヘンリーの伝説と同じく、新しい機械文明への違和感を暗黙に表現していたのではないか。

しかし、ジョン・ヘンリーが英雄的な勝利（と死）を誇るのに対して、日本の狐《きつね》や狸《たぬき》は、ただ、時代が変わるときの薄い闇の中に遠慮がちな姿を見せるだけで去って行くのである。同じように、産業社会によって追放されてしまったものたちの悲しみを歌っているのだが、その語り口には、欧米の文化と、日本の文化風土における、機械との対峙《たいじ》の仕方の違いが感じ取れる。

6-4 「ロボット三原則」とドラえもん

◆アシモフが考えたロボット三原則

ここまで見てきたように、ロボットが高度に発達するとき、「ロボットの反乱」が人間にとって大きな脅威になるおそれがある。SF作家アイザック・アシモフ(1920-92)が、一連のロボット・シリーズで、「ロボット三原則」という提案を行ったのは、反乱するロボットたちの問題を回避するためだったといわれる。

「ロボット三原則」とは、アシモフの作品中で、ロボットが従うべきであるとされている、以下の三つのルールをいう。

第一条　ロボットは人間に危害を加えてはならない。また、その危険を看過することによって、人間に危害を及ぼしてはならない。

第二条　ロボットは人間にあたえられた命令に服従しなければならない。ただし、あたえられた命令が、第一条に反する場合は、この限りでない。

第三条　ロボットは、前掲第一条および第二条に反するおそれのないかぎり、自己をまもらなければならない。

（「2058年の「ロボット工学ハンドブック」第56版」、『われはロボット』）

ロボットが、これら三原則を遵守《じゅんしゅ》する限り、ロボットが人間に刃向かい、人間を滅ぼすような事態には陥《おちい》らないとアシモフは考えた。今日《こんにち》のロボット工学でも、この三原則は重要なルールと考えられている。ただし、ロボットがこの三原則に照らして自分の行動を決めようとすれば、起こりうるさまざまな問題について膨大な判定を行わなければならない。現状では、そのような超高機能な人工知能は実現不可能である（注：このように、ロボットや人工知能は有限な情報処理能力しかもたないために、起こりうる事態がほぼ無限にある現実に対処する能力はきわめて限られたものでしかない、という問題は、一般に「フレーム問題」と呼ばれる。人工知能研究の前に立ちはだかる超難問である)。

◆人間に反抗することのない日本のロボット

ところが、日本では、「ロボットの反乱」を主題化した作品はほとんどない。『鉄腕アトム』などを別として、そもそも、ロボットに自律性や主体性を求めることが少ない。『鉄腕アトム』と同時代に人気を博した『鉄人28号』は人間がリモコン操作するものだった(その意味で、悪の一味にのっとられて「悪用」されるストーリーもあった)し、『機動戦士ガンダム』も『機動警察パトレイバー』も『新世紀エヴァンゲリオン』も、人間がそれに乗って操縦し、人間の機能拡張を図る「モビルスーツ」であって、そこにロボット自身の自律性は求められていないのである。

その意味では、例外的な自律的ロボットである鉄腕アトムも、もともと人間の愛を求めようとするインセンティブ(動機)にもとづいて行動し、しかも、「エネルギーが切れると無力化する」という限界を持ったロボットなのである。

現代日本における自律的なロボットの代表は「ドラえもん」だろう。「未来からやってきたネコ型ロボット」であるドラえもんもまた、本質的に人間に反抗するインセンティブを持っていない。「未来からやってきた」ということは、そもそも彼の存在が現在の人間たちに依存しているのである。しかも彼は、窮地《きゅうち》に陥る人間たちに、道具で支援するものの、直接的に現実に介入することはないのである。

6-5　ロボットと人間のあいだ——AIBOの弔い

◇ロボットの死の受容

2015年3月に、日本科学未来館で「創られるパートナー〜あなた＋ロボット＝幸せ？」というトーク・イベントが開かれた。AIBOの開発者である大槻正氏と、Pepperの開発リーダーである林要氏、そして私がロボットについて語り合った。会場には、AIBOを「飼っている」家族連れも多く、またイベントの直前にAIBOのサポート終了をソニーが発表したことで、ロボットロスの話題が盛り上がった。

ロボットロスとは、ロボットがなくなったり、壊れたりしたとき、遺《のこ》された者が感じる強い喪失感をいう。ロボットは、いわば生命のない「物体」にすぎない。しかし、生活をともにする人たちには、いつしか、「物体」の内部に心や命を感じ取るようになる。そして、ロボットの存在は、自分の生の一部としてかけがえのないものと感じるようになる。

ロボットが壊れても、サポート体制があれば、病気を治すように、修理をして元通りになる。けれど、サポート体制が終了してしまえば、それは、ロボットに実質的な「死」(もう二度と動かない状態)がいつか訪れる。

AIBOの「飼い主」たちは、「死んだ」AIBOの葬式を営んだり、修理部品を調達できなくなったAIBOのために「献体」したりする。そんな気持ちは、「理解しがたい」という人もいるが、「わからなくはない」という声は海外からも聞かれる(『ニューズウィーク』2015年8月3日)。

2015年2月25日付けのイギリスの『デイリーメール』は、このトピックを報じつつ、「未来において、ロボットを殺すことは非倫理的と見なされるのか?」と問題提起している。

6-6　なぜこのような違いが生じるのか

◇神と人と物の関係

この章では、欧米と日本とで、「人工物」の社会的位置づけの違いがあることを見てきた。なぜそのような違いが生じるのか？

一つの仮説としては、欧米と日本における世界観（宗教観）の違いが考えられる。日本では、世界に存在するすべてのものが「モノ」という言葉で表現される。国語辞典で引いてみればすぐわかるが、「モノ」とは、「人間（者）」、「人工物（物）」、「超自然＝神（霊）」のすべてを意味するのである。いいかえれば、神も人間も人工物も、どれが優越しているというのでもなく、共存、共生しているのである。三者が対抗していないために、この関係はきわめて安定的である（ただし、現状を超えようとするインセンティブは存在しない）。

これに対して、欧米のキリスト教的世界観では、すべてに超越しているのが「神」であり、その下に、神の被造物である人間、さらにその下に人間の被造物である人工物が位置づけられている。しかしながら、人工物は、その能力において、人間をしのぐ可能性を持っている。

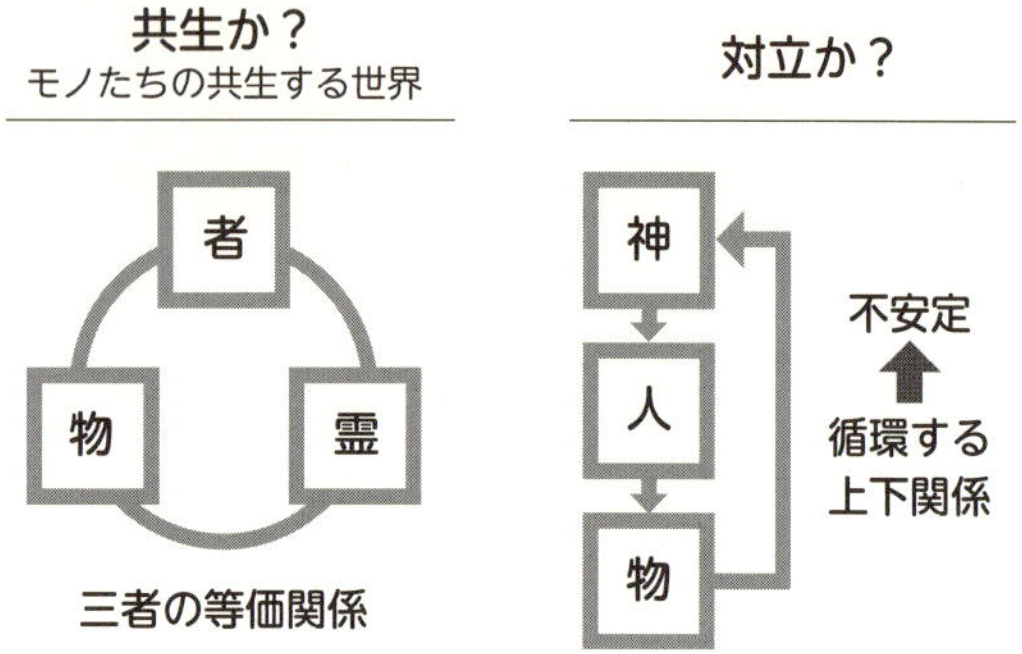

図 6-4　神－人－物の三者関係

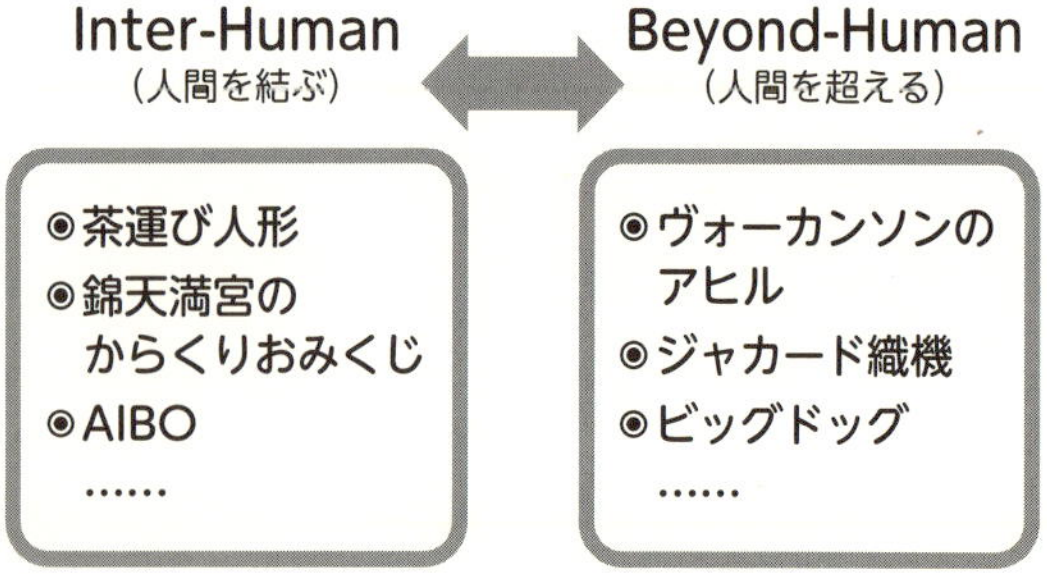

図 6-5　人間とつなぐロボットか，人間を超えるロボットか

そのため、神の下における人間と機械の位置関係は、不安定性を含んでいる。人間は常に自らの優越を示す必要があるが、人間の優越を何より担保するのは人間を超える人工物をつくり出すことだからである。こうした不安定な関係こそが、技術を不断に進歩していくインセンティブとなる(一方で、人工物に対する恐怖も生成する)。

こうした世界観にもとづいているからこそ、欧米では「人間を超える人間を人間がつくり出す」ことが目指され、日本近世においては、人間の社交や神との対話を媒介《ばいかい》するための「からくり人形」が中心的につくられた、と考えられるのではないだろうか。

7

共進化するロボット

7-1　文化も共進化する

◇異なる文化は決して交わらないのか

ここまで、文化によって人工物に対する考え方が異なること、それは、世界の根底を支える「神」に対する考え方が異なることによるものだと考えた。

同じ歯車の組み合わせ技術から、一方では、余分な装飾性を排した徹底的に合理的(機械的)な形態をとる西欧型ロボットと、むしろ機械性を人間の感覚に融和的な表現で覆い、人間を補佐する擬似《ぎじ》生命として社会に適合させようとする日本的な方向への分化は、文化の違いを改めて感じさせる。

日本で生まれた、子ども向けのロボット玩具《がんぐ》であった「トランスフォーマー」が、大ヒットしたハリウッド実写映画では、禍々《まがまが》しく強力な自律的人工生命体に変貌《へんぼう》するプロセスを考えると、その違いは決定的で、互いに相容《あいい》れない感覚であるようにも感じられる。しかし、本当にそうだろうか？

図 7-1　ジョブズは青年時代から禅と接し，乙川弘文老師に師事　ⓒdpa／時事通信フォト

◇融合する人工物観

最近では、技術開発や文化的な想像力で、東西文化が融合して新しいアート（技術・芸術）を生み出している例も多い。

たとえば、いまや世界中の人びとにとって不可欠の存在となりつつあるスマートフォン。なかでもiPhoneをつくり出したアップル社を思想的に強く牽引《けんいん》したのは、創業者の一人であるスティーブ・ジョブズ（1955-2011）だといわれる。

そしてそのスティーブ・ジョブズは、日本文化を高く評価し、禅の思想を取り入れてシステムのデザインを考えたといわれる。たとえば、『ゼン・オブ・スティーブ・ジョブズ』という本では、ジョブズは、禅僧・乙川弘文《おとがわこうぶん》老師と親交があり、彼の「禅堂は、空間と空間に造られたものから成る。つまり、建造物と空間が融合した

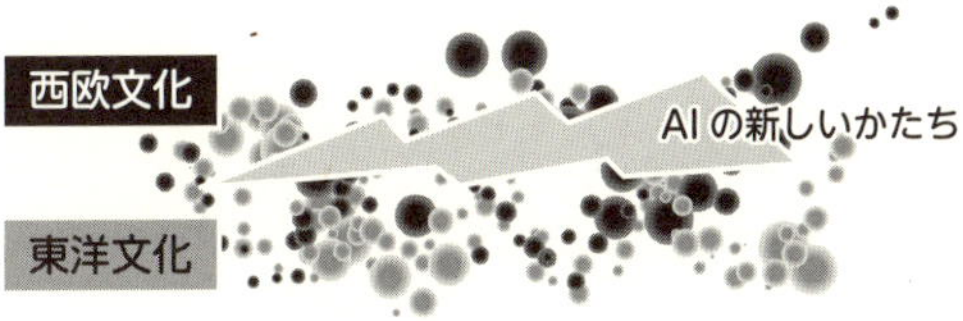

図7-2　東西文化の共進化

のが禅堂だ。空間に存在するものと、存在しないもの。このふたつの関連性を感じるのだ」(メルビー、同書p.51)といった言葉に強い印象を受けたという。つまり、スマートフォンは、純正の西欧的世界観によってのみ生み出されたわけではない。

また、2014年に公開されたディズニー映画『ベイマックス』では、舞台からそもそもサンフランシスコと東京を混ぜ合わせた未来の架空の都市「サンフランソウキョウ」に設定されており、少年と彼をまもるケアロボット(看護ロボット)のベイマックスが、悪と戦う。この映画は、第87回アカデミー賞の長編アニメ映画賞を受賞した。

こうした例からわかるのは、「西欧的文化の傾向」「東洋的文化の傾向」という風に分類したとしても、現実には(とくにグローバル化の進んだ現在では)、それぞれが孤立して、まったく違う方向を目指して進み続けることはあり得ない。

「西欧文化」も「東洋文化」もそれ以外の文化も常に交流し、影響を与え合っている。そしてそれらの交配によって、また新たな文化が生まれ、新たな人工物がつくり出されていく。異なるものが、お互いに影響し合いつつ、それぞれに発展(進化)していくプロセスを「共進化」という。文化も共進化するのである。

◆技術開発の主体も協働する

2017年6月9日、人型ロボットPepperを展開しているソフトバンクグループは、グーグル社の親会社であるアルファベットからボストン・ダイナミクス社とシャフト社を買収した。ボストン・ダイナミクス社は、1992年にアメリカで創設され、国防総省のDARPAの支援のもと、4足歩行の「ビッグドッグ」や、2足歩行の人型ロボット「アトラス」などを開発してきた。2013年にグーグル社が買収したが、最近はロボット部門の位置づけに苦慮していたと報じられている。一方、シャフト社は、東大発のロボット・ベンチャー企業として知られ、独自の2足歩行技術を生み出した。2013年にグーグル社に買収された。

こうした動きは、グローバル化の進む技術市場では日常的に行われているが、それは単なる経済活動に止《とど》まらず、これまで地域に結びつけられてきた「人工物観」が、多様な異種「人工物観」と接《つ》ぎ木され、新たな枠組みを生み出す契機となるかもしれない。

7-2 「第二の技術」という考え方

◆思考の道具、コミュニケーションのツールとしての人工知能(コンピュータ)

もっとも「共進化」はとっくの昔に始まっている、とも言える。

人工知能(コンピュータ)は、確かに歯車技術から始まったけれど、無機的な「機械」とは大きく違っている。

パーソナル・コンピュータの発展に大きく貢献したアラン・ケイは、次のように語っている。

テジタル・コンピュータは本来、算術計算を目的として設計されたが、記述可能なモデルなら、どんなものでも精密にシミュレートする能力をもっているので、メッセージの見方と収め方さえ満足なものなら、メディアとしてのコンピュータは、他のいかなるメディアにもなりうる。しかも、この新たな〝メタメディア〟は能動的なので(問い合わせや実験に応答する)、メッセージは学習者を双方向的な会話に引き込む。過去においては、これは教師というメディア以外では不可能なことだった。これが意味するところは大きく、人を駆り立てずにはおかない。(『アラン・ケイ』p.36)

ケイが言っているのは、コンピュータというものは、計算や論理演算を正確に高速に行うばかりのものではないということである。コンピュータは、むしろ、言葉や絵筆のように、人間たちが頭の中に思い描くものを具体的に表現し、他人と思考を共有するためのツールなのである。だから、

コンピュータには任意の記述を収められるので、首尾一貫しているか否かということにはおかまいなしに、表現可能なものならどんなものでも、一連のルールを実行することができる。しかも、コンピュータでのシンボルの利用は、ちょうど言語や数学でのシ

ンボルと同じように、現実世界から切り離されているので、とてつもないナンセンスを生み出すことができる。コンピュータのハードウェアは自然法則にしたがっているが、コンピュータに実行可能なシミュレーションを制約するのは、人間の想像力の限界だけである。（同書p.91）

ケイは、コンピュータや人工知能は、人間社会の効率性や生産性を高めるよりも、人間の想像力や創造力を高めるために使われるべきだと主張しているのである。

◆自然と戯《たわむ》れる「第二の技術」――ベンヤミンの見方

もっと昔の思想家も、ラディカルなことを言っている。ヴァルター・ベンヤミン（1892-1940）という、19世紀末から20世紀半ばを生きたドイツの思想家である。彼は、「技術」を「第一の技術」と「第二の技術」に分類する。

第一の技術、原始時代の技術ができるだけ多く人間を投入したのに対し、第二の技術、現代の技術はできるだけ少なく人間を投入する。第一の技術がなしとげた技術上の偉業は、いわば人間を犠牲にしたと言うことであり、第二の技術のそれは、乗務員を必要としない遠隔操縦の飛行機という方向にある。第一の技術は、「一回こっきり」の世界である。（そこには、一度したら取り返しが付かない失敗だとか、未来永劫にわたって代理の意味をもち続ける犠牲死だとかがある。）第二の技術には、「一度は数のうちに入らない」ということわざが当てはまる。（これは、いろいろなやり方を倦むことなく試してゆくものである実験に関係が深い。）

（「複製技術時代の芸術作品」『ベンヤミン・コレクション1』p.598）

この考察は重要である。「第一の技術」は、自然の制御や生産の増大に向かって突き進む技術であり、いったん技術が確定したら、修正ややり直しはきかない。この技術の進行に対して、人間はただそれに奉仕する存在になる。

他方、「第二の技術」は、あらかじめ、やり直し、修正、改編を許す技術である。一言でいえば、それは「シミュレーション」の技術である。

第二の技術の根源は、人間がはじめて、そして無意識の狡智をもって、自然から距離をとりはじめたところに求められる。別の言葉で言えば、この根源は遊戯（シュピール）にある。（同書p.598）

ヨハン・ホイジンハ（1872−1945）が『ホモ・ルーデンス』（1938）で、ロジェ・カイヨワ（1913−78）が『遊びと人間』（1958）で、あらゆる遊びのなかには「模倣《もほう》」の要素が含まれており、そして、あらゆる創造行為のなかには「遊び」の要素が含まれていると指摘している。その意味では、「第一の技術」と「第二の技術」はまったく別のものではない。

真面目と遊戯性、厳密さと無拘束性は、あらゆる芸術作品のなかに――それぞれの割合は実にさまざまではあるが――からまりあって登場する。このことはすなわち、芸術が第一の技術にも第二の技術にも結ばれていることを意味する。（同書p.598）

だが、重大な違いがある。「自然」との関係である。

第一の技術は実際、自然の支配を目指していた。第二の技術はむしろ、自然と人との共演（共同遊戯）を目指すところがはるかに多いのである。（同書p.598-599）

「自然と人との共演（共同遊戯）」とは、まさに、「参与性と補完性」そのものを指す。

◆〈初音ミク〉というロボット

「第二の技術」としての最も現代的なロボットは〈初音ミク〉であるかもしれない。

二〇〇七年、〈初音ミク〉という一人の歌手がデビューした。彼女は16歳。ツインテールに結ったエメラルド・グリーンの長い髪をなびかせて歌う。彼女の歌う楽曲は数千にも達し、ネットにアップされた曲の中には、再生回数が数百万を超えるものも多い。

彼女は、レディー・ガガやジャスティン・ビーバーにも匹敵《ひってき》するポップカルチャーのカリスマとしてグーグル・クロームのプロモーション・ビデオ（PV）にも使われ、ガガやビーバーをはるかにしのぐ再生回数を誇っている。

だが、彼女は、通常の意味では存在しない。

〈初音ミク〉という名は、一私企業が発売した歌声合成ソフトの商品名であって、本来いかなる身体も持たない。この歌声合成ソフト〈初音ミク〉を使ってつくられた楽曲を、「初音ミクが歌う」楽曲としてサイトに投稿し、またそれらを享受《きょうじゅ》したのはユーザーたちだった。さらにこのソフト（あるいは歌う主体としての〈初音ミク〉）にアイドルのような身体イメージを与えたのはイラストレーターのＫＥＩ氏であるが、そのイメージがあたかも実在するかのように熱狂し、自分たちの思いを託したのは、無数のユーザーたちだった。

彼女の「Tell Your World」の歌詞には次のような一節がある。

ふと口ずさんだフレーズを掴まえて
胸に秘めた言葉乗せ空に解き放つの

君に伝えたいことが
君に届けたいことが
たくさんの点は線になって
遠く彼方へと響く

（作詞kz）

〈初音ミク〉は、形がないどころか、判断も、自律的な意思決定をする能力もない。実際には、ただ、人間の指示（プログラム）にしたがって、あたかも生きて存在しているかのように、歌うだけである。

◇永遠に完成しない遊戯

このような〈初音ミク〉は、まさにベンヤミンのいう「第二の技術」である。ベンヤミンは、「自然と人との共演（共同遊戯）」を可能にする「第二の技術」は、それ自体が何かの遊具であってはならない。「遊び方」があらかじめ決まっている「おもちゃ」は「おもちゃ」ではない、と主張する。

最高の「おもちゃ」は、それ自体なにも意味せず、しかし、そこに何でも顕現《けんげん》させせえる媒《ばい》体《たい》(メディア)＝「天使」でなければならない。

〈初音ミク〉は、実体を持たない。だからそれは、何度でもリセット可能である。それゆえにむしろ、〈初音ミク〉は死ぬことができ、また生まれることができるのである。遊ぶ者たちは、死んでしまった〈初音ミク〉を哀しみ、しかしまた〈初音ミク〉の誕生を喜ぶことができるのだ。

だから、「第二の技術」は、完成することがない。

「おもちゃに対していちばん影響力のある修正を行うのは、決して教育者や製造業者や聞師などの大人ではなく、子供たち自身が、遊びながらそうした修正を行う、ということだ」(「昔のおもちゃ」『ベンヤミン・コレクション2』p.59)。とベンヤミンは言うが、「遊び続ける」かぎりにおいて、「おもちゃ」は完成することなく修正され続ける。

「修正」とは、限りなく破壊され、また限りなく創造されることである。

〈初音ミク〉とは、私たちの時代の最終的な希望のあり方なのかもしれない。

7-3　ロボットと人間の共生する社会

◇ロボットと共生するために考えておくべきこと

というわけで、本書の第3章で挙げた問題にもどって考えよう。


――ロボットに仕事を奪われたらどうする？

――ロボットが反乱を起こしたらどうする？

――ロボットを「殺し」たら、罪になる？


「第二の技術」としてのロボットなら、あまり心配はない。

しかし、自律的な意思決定をする「他者」としてのロボットが登場するとすれば、いずれこうした難問が現実に突きつけられてくる可能性はある。

本書の範囲で、この超難問に真《ま》っ向《こう》から立ち向かうのは、ちょっと荷が重い。

ただ、どこから考えはじめたらよいか、という点については、ヒントがある。それは、動物と人間のつきあいの歴史だ。

◇〈モノ〉は機械だけではない――動物馴化《じゅんか》のシステム

動物は自然が産んだ生命体という意味では人間と同じであるが、長い歴史の中で、「人間とは違うもの」として扱われてきた。「人間には霊魂が備わっているが、動物にはそれがない」というようないわれ方もする。実際には「霊魂」なんて誰も見たことはないのだから、わからない。

はるか太古の時代、まだ人間がさまざまな道具や機械を駆使《くし》できなかった頃、人間と動物たちは、食物をめぐって戦う敵同士だったに違いない。

そういう風に考えると、いささか突飛《とっぴ》に思われるかもしれないが、人工的な擬《ぎ》似人間としてのロボットよりも、しばしば人間より高い能力をもつ生物的擬似人間としての野生動物の方が、人間との関係はリスクに満ちたものだったといえるのではないか。

しかしその野生動物の多くを、人間たちはいつの間にか人間に都合よく矯正《きょうせい》、すなわち家

表7　オドリクールによるユーラシア東西文化圏の相違

	西(ヨーロッパ，西アジア)	東(東南アジア，東アジア)
気　候	乾燥，温帯	湿潤，モンスーン
植　生	草原森林	森林
動物相	草食性の卓越，雑食性の卓越	雑食性の卓越
家　畜	ウシ，ヒツジ，ヤギ，ブタ，イヌ	ブタ，イヌ
乳	利用する	利用しない*
排泄物	利用しない	人間の排泄物を肥料や家畜などの餌に用いる
農作物	ムギ類(種子繁殖)	根茎類(栄養体繁殖)

*家畜の乳を利用しないだけでなく，家畜に人間の女性が乳を与えることがある

(出典：松井健，1998，「カイコガのドメスティケイションをめぐって――東アジア的ドメスティケイション？　中国的ドメスティケイション？」『天の絹絲―ヒトと虫の民俗誌』福島県立博物館 p.120–125 による)

畜化してきたのだった。

興味深いことに、東西文化によるロボットに対する見方の相違が、この「動物の家畜化」プロセスにも表れている。フランスの生物民族学者であるアンドレ＝ジョルジュ・オドリクールは、家畜化の東西文化の相違は、気候や、基盤となった産業が狩猟か農業かといった違いによって生じている、と論じている。

西欧文化においては、動物は人間とは異なるカテゴリーに属し、したがって人間と対抗的な存在と捉《とら》えられている。一方、アジアでは、人間も動物も同じ食物連鎖の中に組み込まれたものとして捉えられているといえる。

◆「伴侶種《はんりょしゅ》」という考え方――〈他者〉と共進化する未来

人間たちは、動物を人間に奉仕する「家畜」へと変化させただけでなく、「ペット」として共生することに喜びを見出してきた。

特に近年は、高齢化や少子化、独居者の増加などを背景に、ペットブームが世界的に大きな盛り上がりを見せている。人間たちにとって、ペットたちは家族のような役割を担いはじめているようだ。

「第一の技術」「第二の技術」という考え方に倣《なら》うなら、人間の生産性を高める家畜（農耕馬や猟犬など）を「第一の家畜」、ペット動物たちを「第二の家畜」と呼ぶことができるかもしれない。

もちろん、だからといって、ペットたちと人間のあいだに生物学的な混淆《こんこう》が起こったわけではないし、両者の相互理解が深まったとも必ずしもいえない。人間とペット動物とは、あくまで〈他者性〉の壁に隔てられている。

だが、この〈他者性〉ということが重要なのだ。たとえ最終的にはわかり合えないもの同士、もしかしたらある瞬間敵に変貌するかもしれないもの同士が、それでも相互に必要とし、共生の関係を進化させていくこと、それこそがまさにわたしたちの社会を豊かなものにしていくのではないだろうか。

アメリカの科学哲学者ダナ・ハラウェイは、「犬」という生物種について、「伴侶種」という考え方を提案している。

犬たちは〔人間の〕自己とは一切関係がない。それこそが犬の良さでもあるのだ。犬は投影ではない。何らかの意図の実現でもないし、何かの最終目的でもない。犬は犬である。つまり、人類とともに特定の環境のなかで生き、構成的かつ歴史的で、変幻自在の関係を築いてきた、あの生物種なのだ。その関係性が格別にすばらしいものだと主張するつもりはない。そこには喜びや創意工夫、労働、知性、あそびとともに、排泄物も、残酷さも、無関心や無知や喪失もあふれているのだから。わたしがしたいのは、この共歴史(co-history)を語るすべを学び、自然-文化において共進化の帰結を継承する方法を身につけることである。(『猿と女とサイボーグ』p.20)

ロボットやＡＩと生きる未来について考えようとするとき、動物たちとの共進化の歴史は、大きなヒントになるだろう。

8

おわりに

――サイボーグ＝人間がネットワーク化される世界の危険と希望

8-1　サイボーグ化する人間たち

◇ロボットについて考えることは人間社会について考えること

「ロボット」「人工知能」とは結局、人間たちの自画像である。隣人のポートレイトかもしれないし、自撮り写真かもしれない。

なぜなら、人間たちは自分たちを助けてくれるものとしてロボットや人工知能を必要とし、最もよい助手として、人間に似た、いいかえれば準人間としてのロボットや人工知能を思い描き、具体的にその形をつくり出してきたのである。

そして、人間の似姿(必ずしもそっくりな姿かたちというわけではないが)としてつくられたロボットや人工知能は、人間たちの社会に組み込まれ、そのダイナミズムの中に編み込まれることで、人間とともにこれらの社会をつくり出していくのである。

これがヒトとロボット／人工知能の共進化であるが、よく考えてみると、そこには2つの方向がある。

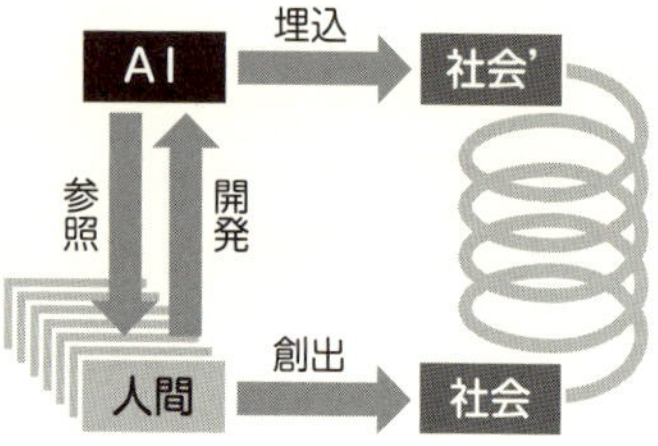

図 8-1　ヒトと人工知能の共進化

1つは、ヒトと(ヒトではないものとしての)ロボットや人工知能とが互いに助け合って新しい社会をつくっていく方向。そしてもう1つは、ヒトとロボットや人工知能とが互いに融合していくという方向である。

この章では、この2番目の方向について考えてみよう。

◆サイボーグとしての私たち――医療とロボティクス

「ヒトとロボットや人工知能とが互いに融合していく」というのは、なんだかSF的で夢物語のように思われるかもしれない。

しかし、考えてみれば、フランケンシュタイン博士のつくり出した怪物や、西行がつくった人形は、現代では私たち自身の似姿であるようにも思われる。

現代医療技術は、美容整形から臓器移植まで、私たちの自然身体を変形しつつある。私たち自身、まさに、サイボーグ化しつつあるのだ。

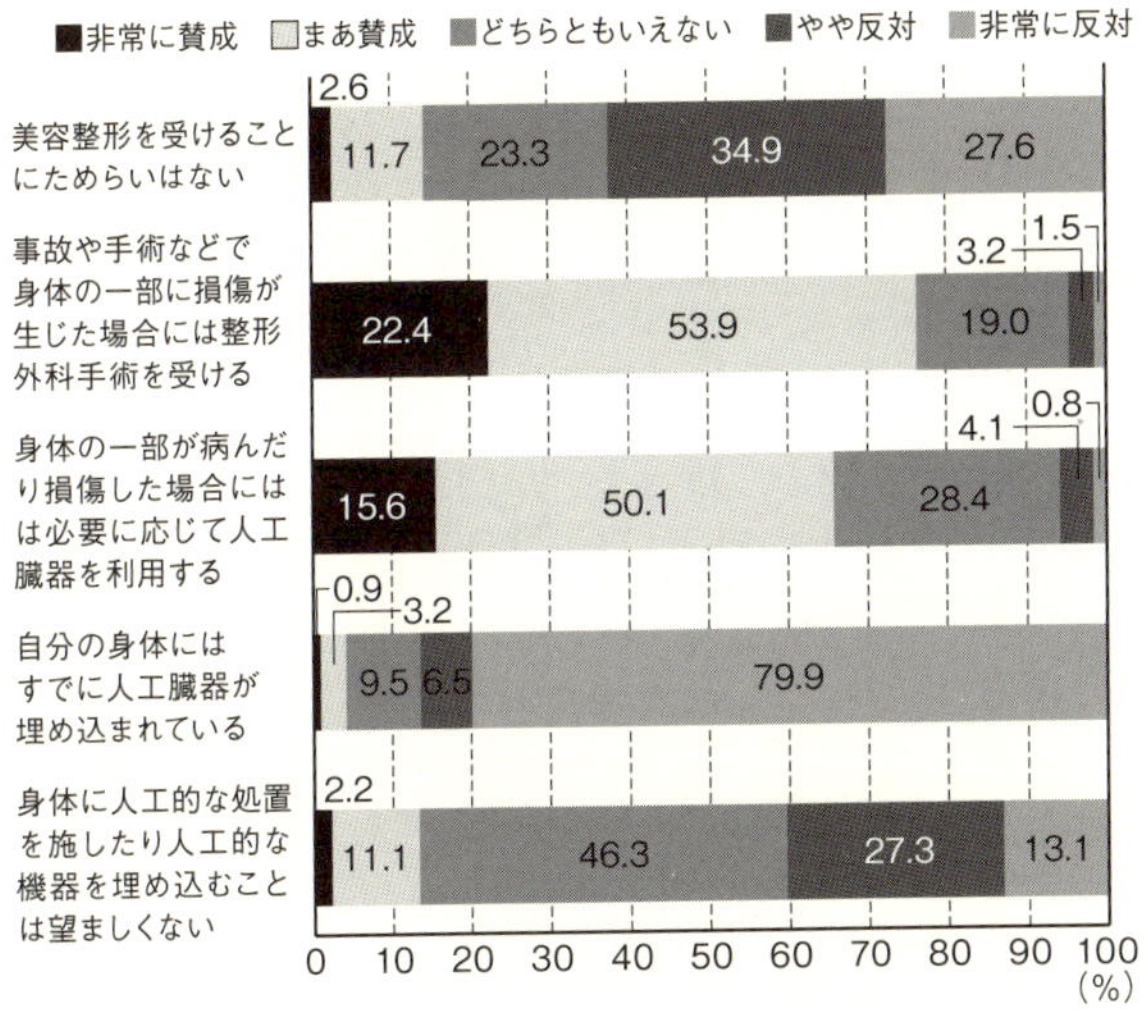

図 8-2　人間身体のサイボーグ化に関する意識（%，N=5168，2015 年 5 月調査）

私たちが自分自身の身体に施《ほどこ》すサイボーグ化には、不要不急ともみえるようなものから、身体機能や生命の維持のために不可欠と考えられるものもある。

こうした潮流についてどのように考えているのだろうか？　図8－2は、「2015年5月調査」でこの点に関して尋ねた結果である。

それによれば、現代日本人は、身体に重大な損傷が生じた場合には、人工的な整形や臓器移植などを行うことにためらいを感じる人は少ない。しかし、美容整形など、生命の維持に重大な影響のない人工身体化については、6割以上の人が否定的な見解をもっているようである。

◆サイボーグ化する〈私〉たち

1997年に発表されたクローン羊ドリーの誕生以降、遺伝子操作や再生医療も急速に進んでいる。

2015年8月18日、アメリカのオハイオ州立大学は、人間の皮膚細胞から多能性幹細胞を使ってほぼ完全な人間の脳の培養《ばいよう》に成功した、と発表した。

このような研究は、人間をむしろアンドロイド化する方向を示唆《しさ》しているともいえる。すなわち、これまで特権的な存在とされていた「人間」も、人工的につくり出される「モノ」と同じレベルの存在として理解されるようになりつつあるのである。

人びとはこのような技術についてどのように考えているのだろうか。「2015年5月調査」の結果を、図8-3に示す。

これによれば、現代日本人は、血縁関係を確認するために遺伝子検査をしたり、臓器再生医療の研究を推進したり、再生医療を受けたりすることには、6割以上の人が肯定的な意見

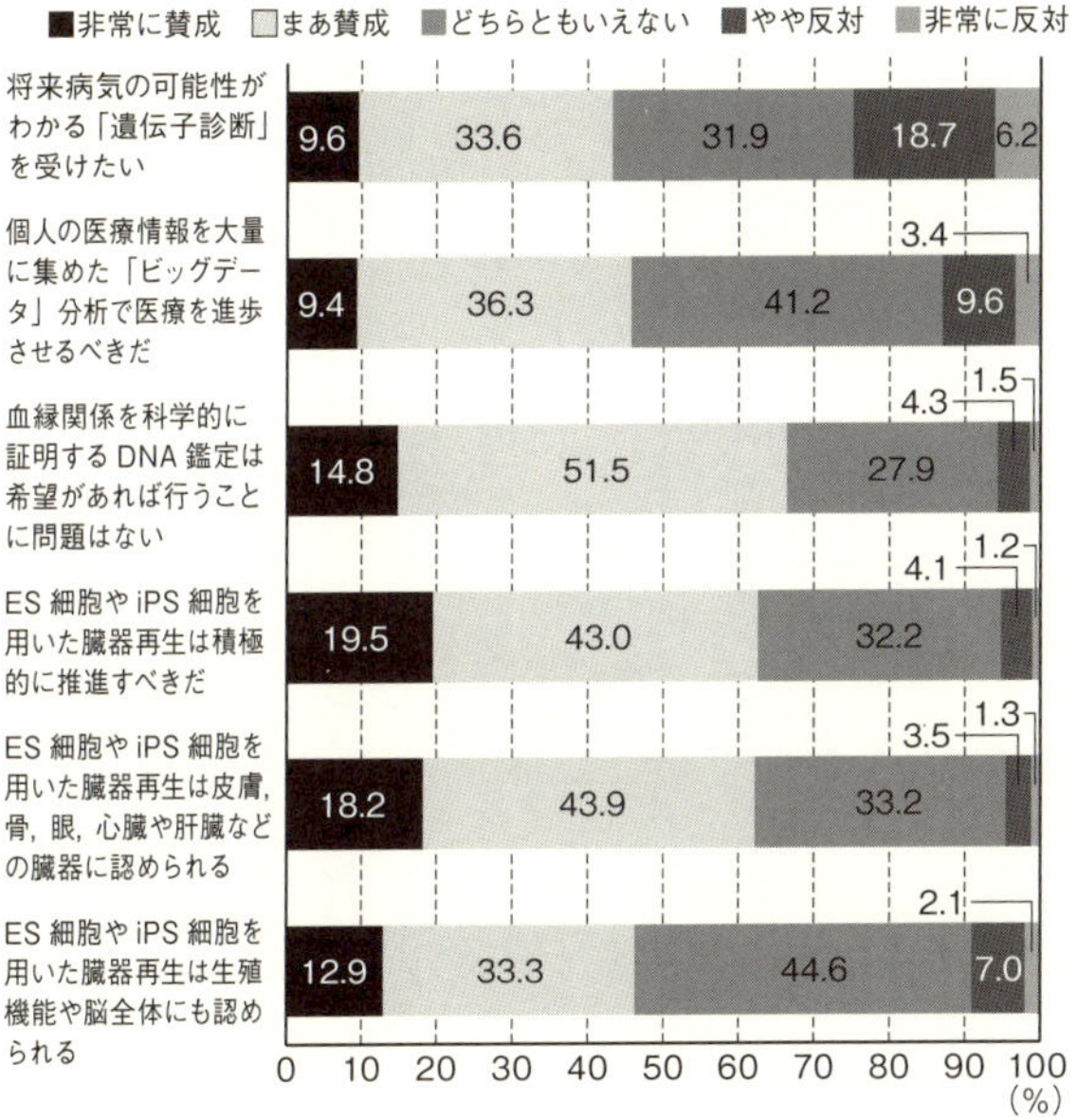

図8-3　遺伝子診断，再生医療に関する意識（%，N=5168，2015年5月調査）

をもっている。ただし、将来の病気の可能性を知る遺伝子検査や、生殖機能や脳の再生医療に肯定的な人は4割強にとどまっている。

◇ヒトと人工知能の融合

しかし、生命科学／人工知能に携わる人びとの夢は、こうした私たちの感覚を置き去りにするように膨らみ続けている。

たとえば、『WIRED』(2012年2月29日、日本語版は2012年3月5日)には、ロシアのメディア起業家であるドミトリー・イツコフ氏の「意識をマシンに移植する」プロジェクトを紹介する記事が掲載されている。

この記事によれば、イツコフ氏は「10年以内に、人間の脳をロボットに「移植」できると見込んでいる。その後は物理的な移植はせず、かわりに「脳のコンテンツ」を他の新しいロボットの体に〝アップロード〟できるようにしたいと考えている。最終的にイツコフ氏は、有形のロボットではなく、人間の意識の「ホスト」になれるホログラム・タイプのボディを、30年以内に開発したいと考えている」という。

イツコフ氏のプロジェクトは、やや無謀《むぼう》に近い野望のようにも思われる。

しかし、アメリカでも、2013年4月2日、オバマ前大統領が〝Brain Research through Advancing Innovative Neurotechnologies(BRAIN)Initiative(ブレイン・イニシアティブ)〟を発表した。これは、神経疾患や精神疾患を治療するためには脳細胞からのシグナルをより早く、多く記録するためのツールを開発し、新しい展開につなげようという10年計画である。

また、2013年10月、欧州委員会(EU:欧州連合の執行機関)がスポンサーとなって

「ヒューマン・ブレイン・プロジェクト」がスタートした。脳の働きを解明し、コンピュータで脳をシミュレーションしようとする10年がかりの野心的プロジェクトである。

このような研究が世界で進められることにより、やがて、脳と外界とが直接に結びつけられる時代も来るかもしれない。

8-2　ネットワーク化されるサイボーグ人間たち

◇ネットワーク化する〈私〉たち――シンギュラリティとポスト・ヒューマン

もっと身近なロボット化も進んでいる。

次世代ロボットの一種としてウェアラブル・コンピュータの実用化が近年急速に進んでいる。たとえば、アップル社が2015年に初代のモデルを発売したApple Watch(アップルウォッチ、現時点での最新モデルは2017年9月発売のApple Watch Series 3)は、腕時計のような形だが、iPhoneと連動して携帯情報端末として使うことができる。また、これを身につけている人の心拍数などの生体データをモニターする機能も備えている。これをヘルスケアに利用する研究が進められており、やがて、ネットを通じて個人の身体の状態をいつでもどこでも管理することが可能になるかもしれない。人間の身体もネットワークの一部になるともいえる。

カーツワイルは「論者の中には、特異点のあとに来る時代を「脱人間（ポスト・ヒューマン）」と呼び、脱人間主義の時代になると予想している人もいる。しかし、わたしにとって人間であることとは、その限界をたえず拡張しようとする文明の一部であることを意味する。人類は、その生体を再生し補強する手段を急速に増やすことにより、すでに生物的な限界を超えつつある。技術によって改良された人間はもはや人間でないとするなら、その境界線はどこに引けばよいのだろう?」(『ポスト・ヒューマン誕生』p.495-496)と問題を提起する。ネットワークに埋め込まれた改良人間たちの社会はどんなものになるのだろう?

◆自動運転というロボット・人工知能

同じく最近、話題が盛り上がっているのが自動運転技術である。

交通事故が相変わらず後を絶たないこともあり、未然に危険を察知したり、自律的に安全な運転を行う自動運転技術が脚光を浴びている。特に、社会の高齢化、地域の過疎《かそ》化や独居世帯の増加に伴って、安全な交通手段として自動運転技術は今後の社会に重要な役割を担うとも考えられている。

自動運転技術も、さまざまなセンサーと自動判断技術を駆使《くし》したロボット／人工知能の一種である。

ただし自動運転技術は、その「自律性」に関して、レベル1からレベル5までが設定されている。このうち、レベル1とレベル2は、これまで通り、人間が主体的に運転を行う。自動車はそれをサポートする。これに対して、レベル3以上では、自動車が自律的に運転を行い、人間は「乗客」にすぎなくなる。事故が起きても人間は責任を問われないが、自動車のコントロールには一切関わることができない。「運転」の意味がこれまでとはまったく変わってしまうのである。

◇社会全体がインターネットに埋め込まれる――IoT化する世界

最近、「モノのインターネット(Internet of Things : IoT)」ということがよくいわれる。

表８　自動運転のレベル定義概要(案)

レベル	呼称	概要	安全運転に係る監視，対応主体
運転者が全てあるいは一部の運転タスクを実施			
レベル０	運転自動化なし	運転者がすべての運転タスクを実施	運転者
レベル１	運転支援	システムが前後・左右のいずれかの車両制御に係る運転タスクのサブタスクを実施	運転者
レベル２	部分運転自動化	システムが前後・左右両方の車両制御に係る運転タスクのサブタスクを実施	運転者
自動運転システムがすべての運転タスクを実施			
レベル３	条件付き運転自動化	・システムがすべての運転タスクを実施(領域※限定的) ・システムの介入要求等に対して，予備対応利用者は，適切に応答することを期待	システム(フォールバック中は運転者)
レベル４	高度運転自動化	・システムがすべての運転タスクを実施(領域※限定的) ・予備対応時において，利用者が応答することは期待されない	システム
レベル５	完全運転自動化	・システムがすべての運転タスクを実施(領域※限定的でない) ・予備対応時において，利用者が応答することは期待されない	システム

※ここでの「領域」は，必ずしも地理的な領域に限らず，環境，交通状況，速度，時間的な条件などを含む

(出典：平成28年12月内閣官房IT総合戦略室資料をもとに日本学術会議委員会で作成)

ＩｏＴとは、ＭＩＴ（マサチューセッツ工科大学）の研究者であるケビン・アシュトンが使い始めた用語で、「（インターネットに接続された）さまざまなモノたちが、人間を介さずに、インターネット上で自律的にデータをやりとりし、相互的に制御を行う」ようなシステムを指す。日本の「特定通信・放送開発事業実施円滑化法」の「附則」（２０１６年４月27日一部改正）では「インターネット・オブ・シングスの実現」を「インターネットに多様かつ多数の物が接続され、及びそれらの物から送信され、又はそれらの物に送信される大量の情報の円滑な流通が国民生活及び経済活動の基盤となる社会の実現」と定義している。つまり、世界中のあらゆるモノが自律的に情報を交換し合うことで、人間がいちいちコントロールしなくても、勝手に最適な状況をつくり出してくれるというわけだ。

冷蔵庫やエアコン、照明機器などの自律制御《せいぎょ》、身体データの自動収集による個人の健康管理などがすでに実用段階に入っている。ＡＩやＩｏＴを用いて、製造業を革新する潮流は、第四次産業革命とも呼ばれる。

将来的には、生物やデータなどを含む世界のあらゆるモノをインターネットに接続する「ＩｏＥ（Internet of Everything）」も提唱されている。

私たちの生きている環境全体、あるいは生きていることそのものがインターネットに埋め込まれる日も近いのかもしれない。

8-3 IoT、IoEという〈世界脳〉、その期待と恐怖

◆人間とコンピュータの共生——リックライダーのビジョン

こうした考え方は、そもそも「インターネット」の発想自体に含まれていたともいえる。現在のインターネットは、1969年にアメリカ国防総省の高等研究計画局(Advanced Research Projects Agency：ARPA)で開発されたアーパネット(ARPANET)を発展させたものである。

このアーパネット開発の立役者の一人だったJ・C・R・リックライダー(1915-90)もまた、1960年に「ヒトとコンピュータの共生("Man-Computer, Symbiosis")」という論文を書いた。彼がいう「共生」とは、「ヒトとコンピュータが協力して直感にもとづく試行錯誤をおこない、推論上の欠陥を見出し、予期しなかった新たな展開を開くことに

よって、現状より容易に、より早く解決」(『思想としてのパソコン』p.130)することである。そしてそのような「共生」を実現するには、ヒトと機械がリアルタイムでコミュニケーションをとり続けることが必要だと述べている。

リックライダーはまた、1968年、同僚のロバート・テイラーと共著で、「コミュニケーション装置としてのコンピュータ("The Computer as a Communication Device")」という論文を発表している。そのなかで、彼らは次のように論じている。

通信技術者たちは、コミュニケーション(通信)とは、ある地点からある地点まで、情報をコードや信号として伝達することだと考えている。

しかし、「コミュニケーション」は情報の送受信ではない。2つのテープレコーダーを同時にプレイし、互いに相手の音声を記録したなら、それらはコミュニケーションしたことになるだろうか? ならない。……われわれがいま突入しようとしているテクノロジーの時代には、われわれは、まさに生きている豊かな情報と相互作用を行う。書物や図書館を利用するときのように受動的なスタイルだけでなく、現在進行中のプロセス

（ネットワークを通じて交わされるコミュニケーション）の積極的な参加者となり、相互作用を通じて、そのプロセスに貢献するのである。それは、単に、ネットワークに接続することで、ネットワークから情報を得る、ということではない。

（Licklider & Taylor 1968：遠藤訳）

これはまさに、ＩｏＴの世界であり、その延長線上にＩｏＥがある。それはいわば、インターネットで結ばれたすべてのモノたちが、全体として一つの〈（人工知）脳〉を構成しているようなものといえるかもしれない。

◆ウェルズの〈世界脳〉

リックライダーよりもさらに早く〈世界脳（World Brain）〉というアイディアを提案したのが、『タイムマシン』や『透明人間』などのＳＦで知られるＨ・Ｇ・ウェルズであった。ウェルズの〈世界脳〉とは、「世界百科事典（World Encyclopedia）」と呼ぶ「ひとつの新しい社会的な機関」である。それは、「それぞれの項目のもとにきわめて注意深く集められ、注意深く照合して調べられ、編集され、かつ批判的に提出されたかずかずの抜粋、抜き書き、引用から成り立つべきです。それは、ひとつの集中、ひとつの明瞭化、ひとつの総合であるでしょう」（ウェルズ『世界の頭脳』p.33）という。それは、「ひとつの世界文化にとって非独断的なバイブルの役割を演ずるでしょう。（中略）世界を知的に結合することになるでしょう」（同書 p.44）。

ウェルズの〈世界脳〉は Wikipedia のような情報の結合体を想定しているように読める。しかし、モノや生体もすべて一種の「情報」であると考えるなら、〈世界脳〉とはＩｏＴ／ＩｏＥという世界全体を結ぶ〈脳〉のような存在と考えることができるだろう。

ウェルズは、ナチスの全体主義に抵抗し、民主主義を守るために〈世界国家〉や〈世界脳〉を構想したのだった。しかし、その技術は果たしてウェルズの希望通り人間に幸福をもたらすのだろうか？

◆オーウェルの〈世界脳〉批判

ウェルズの〈世界脳〉構想を激しく批判したのは、監視社会の恐怖を描いたSF小説『1984年』で有名なジョージ・オーウェルだった。「ウェルズ、ヒトラー、そして世界国家」(1941)というエッセイで、そうしたウェルズの理想主義こそが、ヒトラーの恐ろしさを過小評価し、結果としてヒトラーが世界に災禍《さいか》をもたらすことを許してしまった原因なのだと糾弾《きゅうだん》している。「ウェルズ自身が考える「健全な理性」よりも、ナショナリズム、宗教的頑迷、封建的忠誠心の方がずっと強大な力を持つということを、彼はまったく理解することができなかったし、現在も理解できないままである」、「ウェルズは、彼自身があまりに「健全な理性」の持ち主でありすぎるために、現代世界を理解できないのだ」とオーウェルは皮肉っぽくいうのである。

確かに、ウェルズは理想主義的であり、科学と理性の進歩を信じていたように見える。しかし、彼には絶望的な作品もあるし、彼の未来予測がむしろ悲劇の源泉を生み出してしまったという人もいる。そして、彼の希望が、現実にしばしば裏切られてきたことも事実である。彼の提唱した世界(国際)連盟は、結局、第二次世界大戦を防ぐことはできず、悲劇的な災禍が世界にもたらされた。国際連盟の理想を継承した現在の国際連合も、しばしばその非力さを非難されている。

これに対して、オーウェルは科学の進歩に対してどす黒いほどの敵意を見せる。彼の最も有名な著作『1984年』は、近未来、ビッグ・ブラザーと呼ばれる独裁者が、コンピュータ・ネットワークを駆使して、人びとを日常的に洗脳し、また、人びとのあらゆる行動を監視している。人びとが人格のない羊の群《むれ》になってしまったような状況に疑問を持った主人公は密かに反乱を企図《きと》するが……結末には救いがない。

◆監視・管理・環境・生権力

現実の1984年に、アップル社は、自社の個人向けコンピュータMacintoshのCMで、当時世界のコンピュータ産業を牛耳っていた大型コンピュータの覇者IBMをビッグ・ブラザーにたとえ、「現実の1984年がオーウェルの描いたような1984年にならなかったのは、Macintoshがあるからだ」と主張して、パーソナル・コンピュータの開く新しい時代を高らかに歌いあげた。

確かに、巨大なスーパーコンピュータがすべての情報を管理する中央集中制御システムはビッグ・ブラザーの監視体制を彷彿《ほうふつ》とさせる。これに対して、個人の思考の道具としてのパソコンを自律分散ネットワークによって接続するインターネットは、個人の究極的な〈自由〉を可能にし、誰にも平等な機会が与えられる民主主義社会の到来と期待された時期もあった。

しかし現在、新しい監視の様態が問題化しつつある。

たとえば、近年、私たちの生活空間には膨大な数の監視カメラが設置されている。携帯電話にはGPSが装備されており、所有者の行動をリアルタイムで把握できる。交通系ICカードやクレジットカードも、利用者がいつどこで何をしていたかを逐一《ちくいち》記録に残す。何か問題が起これば、個人の行動はほとんど追跡することができる。ネットでどのようなサイトを閲覧したか、ソーシャルメディアでどのような受信／発信をしたか、すべてお見通しだ。

そして、そうした新しい監視を、セキュリティの名の下に、人びとはむしろ積極的に歓迎している面さえあるのだ。「今日の変動しやすく可動的な組織において権力が表面に出てくる電子テクノロジーのアーキテクチャ〔社会環境を変えることで人間の行動を誘導したり抑制したりすること〕は、……拘禁とは明確な結びつきがないばかりか、しばしば、エンターテインメントや消費に見られるフレキシビリティや楽しみといった特徴を併せ持って」(バウマン&ライアン『私たちが、すすんで監視し、監視される、この世界について』p.16)いると、監視社会研究の第一人者として世界的に有名なデイヴィッド・ライアン(1948-)は指摘するのである。またフランスの哲学者ミシェル・フーコー(1926-84)は、「生権力」という概念によって、現代の管理社会の身体問題を論じている。

フーコーによれば、かつての権力は「従わなければ殺す」というルールによって統治したが、現代の権力は生命の安全や人口調整という目標、あるいは福利厚生や福祉という目的を理由として、生かして統治する。たとえば、予防接種や健康診断の法制化などは、その例といえる。これらを受けた個人の身体情報は、個人を超えて集中管理されるのである。

8-4　〈世界脳〉を希望とするには

◆〈世界脳〉を監督する〈世界脳〉

では、〈世界脳〉は素朴で楽天的な科学技術信仰の産物であり、かえってより恐怖にみちた管理社会を生み出してしまうのだろうか。

さまざまな問題を内包しつつも、〈世界脳〉というビジョンが人間の未来にとって役に立つものであると評価するのは、ニュー・サウス・ウェールズ大学情報学部の名誉教授レイワードである。彼は論文の中で、「人間の脳は合理的であると同時に非合理的でもある。〈世界脳〉もまた間違った判断をしたり、病的な症状を示すことがあるかもしれない。しかし、それが病的であると知るためにも、〈世界脳〉は必要なのだ」と述べている。

確かに、個々の人間の脳も、邪悪なことを考え、実行する能力を持っている。しかしだからといって、その個人が邪悪を封じ、善を行おうとすることが不可能であるわけではない。むしろ、行動にあたって、それが、邪悪に至る道か、善に至る道かを判断するために、われわれの〈脳〉は作動し、蓄積された〈知〉を参照し、今ダイナミックに動いている〈知〉を観察し、それらにもとづいて未来をシミュレーションするのである。

◆〈知の考古学〉――〈世界脳〉に目をこらせ

フーコーは歴史的経緯を含めて状況を分析考察するための〈知の考古学〉を提唱した。

彼にとって〈知の考古学〉が対象とするのは、彼が「アルシーヴ」と呼ぶものである。フランス語 archive(アルシーヴ)は、英語の archive(アーカイヴ)であり、記録／文書保管庫を意味する。つまりは「図書館」であり、「世界の知のアルシーヴ」という発想は、それを観察・分析の対象とするか、創出すべき構成体とするかの違いを別にすれば、ウェルズの〈世界脳〉と同じ発想といえる。

フーコーは次のように述べている。

アルシーヴ、それは、ただちに逃れ去る言表の出来事を保護し、逃げ去ったものとしてのその身分を未来の記憶のために保存しておくようなものではない。そうではなくて、それは、出来事としての言表の根元そのものにおいて、そして、出来事としての言表が自らに与える身体において、そもそもの最初から、言表の言表可能性にかかわるシステムを定めるものである。アルシーヴはまた、生気をなくしてしまった諸言表の塵を集め、場合によってはそれらに対して復活の奇跡を起こすようなものでもない。そうではなくて、それは、事物としての言表について、その現在性の様式を定めるものである。それは、言表が機能する仕方にかかわるシステムなのだ。ただ一つの言説の大いなる不明瞭なつぶやきのなかで語られたことのすべてを統一するものであるどころか、また、保持されている特定の言説のただ中で存在することを我々に対して保証してくれるだけのものであるどころか、アルシーヴは、複数の言説を、それらの多数多様の存在において差異化し、それらに固有の持続において種別化するものなのである。

（『知の考古学』p.247）

少しわかりにくい文章だが、ここで言われている「知」とは、普通に考えられている「知識」とは違って、相互に関連づけられ、画一的ではなく、常にリアルタイムで変化し続ける〈現実〉の総体のことを指している。

フーコーは、「知のアルシーヴ」に目をこらすことによって、〈知〉の暴走を監視し、同時に〈知〉の可能性を拡大することを展望したのである。

◆私たちは監視されるかもしれない。でも私たちが未来をつくり出す

問題を整理しよう。

〈世界脳〉あるいはIoTやIoEは、そのアーキテクチャによって見えない牢獄《ろうごく》ともなれば、また自由への扉ともなる。いや、〈世界脳〉は、〈邪悪〉への可能性を潜在させているが故に、〈邪悪〉を食い止める方法についてもヒントを与えてくれるといった方が正確かもしれない。無論、反対に言えば、〈善〉への可能性をもっているが故に、より強い〈邪悪〉を実現してしまうおそれがある、ともいえる。いずれにせよ、人間たちの社会が向かおうとする方向をチェックし、反省する鏡として、〈世界脳〉を考える必要がある。

この問題について、サイバー法学の権威で、ネット上の所有権強化に対する批判で有名なローレンス・レッシグ（1961－）は次のように述べている。

これが「現状主義」の誤謬というやつだ――なにかの現状を、そのあるべき姿と混同してしまうこと。サイバー空間の現状というのは、確かにある。それは事実。でも、サイバー空間の現状というものは、サイバー空間の必然ではない。ネットが一つの形しかとれないなんてことはない。ネットの性質を定義づける単一のアーキテクチャなんかない。われわれが「ネット」と呼ぶものがとれるアーキテクチャはいろいろあって、その各種アーキテクチャのなかでの生活の特徴も多様だ。（『ＣＯＤＥ』p.44）

〈世界脳〉いいかえれば、ＩｏＴやＩｏＥによって、世界全体が巨大な人工知能のように結ばれる未来が、やがてやってくるかもしれない。

その未来は個人を従順な一片の歯車にしてしまうのか、それとも、もっと活き活きとした存在として解放するものなのか。その答えは風のなかにある。わかっているのは、未来はあらかじめ定まった運命ではなく、私たちが日々の生活のなかからつくり出していくものだということである。

ＩｏＴやＩｏＥは私たちをモニタリングし、方向付けする性格を持っている。しかしそのモニタリングや管理の方向性を決定するのは、私たち自身である。そのことをいつも心に留めておく必要がある。

◇おわりにのおわりに——〈共生〉する人間

本書では、ロボットや人工知能、そして人間自身のサイボーグ化まで、歴史や文化をたどりつつ考えてきた。

そのなかで、重要なキーワードが〈共生〉ではないだろうか。

人間は、苛酷《かこく》な自然環境と共生するために、野生動物を家畜化し、さまざまな道具や機械をつくり出してきた。しかし、「つくり出す」ということは、新しい「他者」と出会うということでもあり、新しい他者との〈共生〉を考えることでもある。

人間たちはいま、ロボットやＡＩという新しい他者との現実的な出会いをはじめようとしている。明日、ロボットやＡＩたちは家にやってくるだろう。彼らとうまく共生し、誰もが活き活きと生きられる社会をつくりたい。

そしてその先には、世界全体がもっと緊密に結ばれた〈世界脳〉的未来がある。その未来を希望に満ちたものとするために、私たちはもっともっと一緒に考えていこう。

【参考文献】

アイザック・アシモフ著、小尾芙佐訳（2004）『われはロボット』早川書房
アラン・ケイ著、鶴岡雄二訳（1992）『アラン・ケイ』アスキー
井上円了（1905）「妖怪談」『教の友　第二三号』（『井上円了妖怪学全集第6巻』柏書房、2001所収）
今津健治（1992）『からくり儀右衛門——東芝創立者田中久重とその時代』ダイヤモンド社
内田星美（1985）『時計工業の発達』服部セイコー
内山昭（1983）『計算機歴史物語』岩波新書
ヴァルター・ベンヤミン著、浅井健二郎編訳（1995）『ベンヤミン・コレクション1——近代の意味』ちくま学芸文庫
ヴァルター・ベンヤミン著、浅井健二郎編訳（1996）『ベンヤミン・コレクション2——エッセイの思想』ちくま学芸文庫
H・G・ウェルズ著、浜野輝訳（1987）『世界の頭脳——人間回復をめざす教育構想』思索社
遠藤薫（1993）「「近代の動態」——その範型としての「機械」」『社会評論』Vol.43 No.4

遠藤薫（2000）『電子社会論――電子的想像力のリアリティと社会変容』実教出版
遠藤薫（2007）「日本文化における人工物観――時計技術はなぜ人形浄瑠璃を生んだか」『横幹』Vol.1No.1
遠藤薫（2008）「近世・近代〈日本〉における〈時計〉技術の受容と変容――グローバリゼーションの二重らせん」『学習院大学法学会雑誌』44巻1号
遠藤薫（2010）「メタ複製技術時代における〈知〉の公共性」長尾真・遠藤薫・吉見俊哉編著『書物と映像の未来――グーグル化する世界の知の課題とは』岩波書店
遠藤薫（2012）「〈情報〉と〈世界の創出〉――社会情報学基礎論の三つの貢献」正村俊之編著『コミュニケーション理論の再構築――身体・メディア・情報空間』勁草書房
遠藤薫（2013）『廃墟で歌う天使――ベンヤミン『複製技術時代の芸術作品』を読み直す』現代書館
遠藤薫（2015）「メタ複製技術時代の〈世界脳〉――書物へのオマージュと電子脳化された〈知〉について」長尾真監修『デジタル時代の知識創造――変容する著作権』KADOKAWA
遠藤薫（2016）「現代人にとって「いのち」とは何か――生命倫理に関する意識調査結果から」『学習院法務研究』

大月隆編（1910）『成功百話』文学同志会
オットー・マイヤー著、忠平美幸訳（1997）『時計じかけのヨーロッパ』平凡社
楫西光速（1962）『豊田佐吉』吉川弘文館
亀井俊介（2003）『わがアメリカ文化誌』岩波書店
久保田浩司（1995）「時計産業の比較産業史的考察」『日本時計学会誌』No.152-155
ケイレブ・メルビー著、柳田由紀子訳（2012）『ゼン・オブ・スティーブ・ジョブズ』集英社
ゲオルク・ジンメル著、居安正他訳（1976）「大都市と精神生活」、『ジンメル著作集12』白水社
小林文次（1972）「会津さざえ堂の源流——バロックと江戸建築」『朝日新聞』昭和47年11月20日
小林雅一（2015）『AIの衝撃——人工知能は人類の敵か』講談社現代新書
佐々木喜善（1926）『東奥異聞』坂本書店
佐々木隆・大井浩二編（2006）『史料で読むアメリカ文化史3——都市産業社会の到来1860年代-1910年代』東京大学出版会
ジグムント・バウマン、デイヴィッド・ライアン著、伊藤茂訳（2013）『私たちが、すすんで監視し、監視される、この世界について——リキッド・サーベイランスをめぐる7章』青土社
清水克洋（1981）「1830年代フランス綿工業における工場体制と産業構造」『經濟論叢』

ジャック・アタリ著、蔵持不三也訳（1986）『時間の歴史』原書房
ジャック・アタリ著、平田清明・斉藤日出治訳（1983）『情報とエネルギーの人間科学——言葉と道具』日本評論社
ジャック・ル・ゴフ著、加納修訳（2006）『もうひとつの中世のために——西洋における時間、労働、そして文化』白水社
ジョルジュ・ルフラン著、小野崎晶裕訳（1981）『労働と労働者の歴史』芸立出版
高梨生馬（1990）『からくり人形の文化誌』學藝書林
田崎英明（1990）『夢の労働労働の夢——フランス初期社会主義の経験』青弓社
立川昭二（1969、1988）『からくり』法政大学出版局
田中貴子（1999）「現代語訳『付喪神記』（国立国会図書館本）」『図説 百鬼夜行絵巻をよむ』河出書房新社
ダナ・ハラウェイ著、高橋さきの訳（2000）『猿と女とサイボーグ——自然の再発明』青土社
角山栄（1984）『時計の社会史』中公新書
ド・ラ・メトリ著、杉捷夫訳（1932）『人間機械論』岩波文庫
名古屋市編（1924）『産業調査 第三輯——時計に関する調査』

西垣通編著訳(1997)『思想としてのパソコン』NTT出版
日本学術会議総合工学委員会・機械工学委員会合同工学システムに関する安全・安心・リスク検討分科会(2017)「提言　自動運転のあるべき将来に向けて——学術界から見た現状理解」平成29年6月27日(http://www.scj.go.jp/ja/info/kohyo/pdf/kohyo-23-t246-1.pdf)
ハーヴェイ著、暉峻義等訳(1961)『動物の心臓ならびに血液の運動に関する解剖学的研究』岩波文庫
広瀬秀雄(1993)『暦』東京堂出版
福井憲彦(1996)『時間と習俗の社会史』ちくま学芸文庫
福本和夫(1967)『日本ルネッサンス史論——1661年-1850年に至る日本ルネッサンスの比較・綜合研究総論編』東西書房
フランクリン・L・バウマー著、鳥越輝昭訳(1992)『近現代ヨーロッパの思想——その全体像』大修館書店
ホッブズ著、永井道雄他訳(1979)『リヴァイアサン』中央公論社
松井健(1998)「カイコガのドメスティケイションをめぐって——東アジア的ドメスティケイション?　中国的ドメスティケイション?」『天の絹絲——ヒトと虫の民俗誌』福島県立博物館

松尾豊(2015)『人工知能は人間を超えるか——ディープラーニングの先にあるもの』KADOKAWA
松下長重編(1911)『東洋成功軌範』中央教育社
ミシェル・フーコー著、中村雄二郎訳(2006)『知の考古学』河出書房新社
宮村無声編(1903)『成功と失敗』又間精華堂
メアリ・シェリー著、森下弓子訳(1984)『フランケンシュタイン』創元推理文庫
山寺清二郎編(1892)『東京商業会議所会員列伝』聚玉館
柳田國男(1990)『柳田國男全集24』ちくま文庫
吉川弘之(2007)「人工物観」『横幹』Vol.1 No.2
L・T・C・ロルト著、磯田浩訳(1989)『工作機械の歴史——職人の技からオートメーションへ』平凡社
ルイス・マンフォード著、樋口清訳(1971)『機械の神話——技術と人類の発達』河出書房新社
ルイス・マンフォード著、生田勉訳(1972)『技術と文明』美術出版社
レイ・カーツワイル著、井上健監訳他(2007)『ポスト・ヒューマン誕生——コンピュータが人類の知性を超えるとき』NHK出版
ロバート・B・ライシュ著、清家篤訳(2002)『勝者の代償——ニューエコノミーの深淵と未来』

東洋経済新報社
ローレンス・レッシグ著、山形浩生・柏木亮二訳（2001）『CODE――インターネットの合法・違法・プライバシー』翔泳社
Lickider & Taylor, 1968, "The Computer as a Communication Device", *Science and Technology*

〈知の航海〉シリーズの発刊に際して

日本の科学者集団を代表する日本学術会議は、中学生にも理解できる水準とやさしい表現で学術の先端的な情報を提供し、若い読者の学術への関心を呼びおこすことを、重要な任務のひとつとしています。このたび岩波ジュニア新書のサブ・シリーズとして発足する〈知の航海〉シリーズは、おもな読者層として中学生、高校生を想定して、日本学術会議が贈る「学術への招待状」です。日本学術会議第二〇―二一期の金澤一郎会長の発案によるこのシリーズが、若い読者にとって「知の羅針盤」として役立てば幸いです。

〈知の航海〉シリーズには、二つのタイプの本が収録されます。第一のタイプは、ある学術分野の研究者が、自分の研究分野の最新の成果を興味深く解説して、読者を学術のフロンティアに誘います。第二のタイプは、現代社会が直面している難問を学術の立場から理解する手がかりと、読者がこれらの難問の解決方法をみずから模索するきっかけを提供します。

日本の学術が、人間の幸福と社会の福祉の改善に貢献することを信じつつ、この招待状をお届けしたいと思います。

〈知の航海〉シリーズ編集委員会を代表して

鈴村興太郎

遠藤 薫

1993年東京工業大学大学院理工学研究科後期博士課程修了．博士(学術)．信州大学，東京工業大学大学院などを経て学習院大学法学部政治学科教授．2023年3月退任．現在，日本社会学会常務理事，計算社会科学会会長．人とテクノロジーの関係性を時代や文化に寄り添って探ってきた社会学者．著書『廃墟で歌う天使——ベンヤミン『複製技術時代の芸術作品』を読み直す』(現代書館)，『ソーシャルメディアと公共性——リスク社会のソーシャル・キャピタル』(編著，東京大学出版会)，『ソーシャルメディアと〈世論〉形成——間メディアが世界を揺るがす』(編著，東京電機大学出版局)，『書物と映像の未来——グーグル化する世界の知の課題とは』(共編著，岩波書店)など多数．

ロボットが家にやってきたら…　　岩波ジュニア新書 867
——人間とAIの未来　　〈知の航海〉シリーズ

2018年2月20日　第1刷発行
2023年5月15日　第3刷発行

著　者　遠藤《えんどう》 薫《かおる》

発行者　坂本政謙

発行所　株式会社 岩波書店
〒101-8002 東京都千代田区一ツ橋 2-5-5
案内 03-5210-4000　営業部 03-5210-4111
ジュニア新書編集部 03-5210-4065
https://www.iwanami.co.jp/

組版　シーズ・プランニング
印刷製本・法令印刷　カバー・精興社

ISBN 978-4-00-500867-4　　Printed in Japan

岩波ジュニア新書の発足に際して

きみたち若い世代は人生の出発点に立っています。きみたちの未来は大きな可能性に満ち、陽春の日のようにひかり輝いています。勉学に体力づくりに、明るくはつらつとした日々を送っていることでしょう。

しかしながら、現代の社会は、また、さまざまな矛盾をはらんでいます。営々として築かれた人類の歴史のなかで、幾千億の先達《せんだつ》たちの英知と努力によって、未知が究明され、人類の進歩がもたらされ、大きく文化として蓄積されてきました。にもかかわらず現代は、核戦争による人類絶滅の危機、貧富の差をはじめとするさまざまな人間的不平等、社会と科学の発展が一方においてもたらした環境の破壊、エネルギーや食糧問題の不安等々、来るべき二十一世紀を前にして、解決を迫られているたくさんの大きな課題がひしめいています。現実の世界はきわめて厳しく、人類の平和と発展のためには、きみたちの新しい英知と真摯《しんし》な努力が切実に必要とされています。

きみたちの前途には、こうした人類の明日の運命が託されています。ですから、たとえば現在の学校で生じているささいな「学力」の差、あるいは家庭環境などによる条件の違いにとらわれて、自分の将来を見限ったりはしないでほしいと思います。個々人の能力とか才能は、いつどこで開花するか計り知れないものがありますし、努力と鍛練の積み重ねの上にこそ切り開かれるものですから、簡単に可能性を放棄したり、容易に「現実」と妥協したりすることのないようにと願っています。

わたしたちは、これから人生を歩むきみたちが、生きることのほんとうの意味を問い、大きく明日をひらくことを心から期待して、ここに新たに岩波ジュニア新書を創刊します。現実に立ち向かうために必要とする知性、豊かな感性と想像力を、きみたちが自らのなかに育てるのに役立ててもらえるよう、すぐれた執筆者による適切な話題を、豊富な写真や挿絵とともに書き下ろしで提供します。若い世代の良き話し相手として、このシリーズを注目してください。わたしたちもまた、きみたちの明日に刮目《かつもく》しています。(一九七九年六月)

912 新・大学でなにを学ぶか 上田紀行 編著
大学では何をどのように学ぶのか？　池上彰氏をはじめリベラルアーツ教育に携わる気鋭の大学教員たちからのメッセージ。

913 統計学をめぐる散歩道
―ツキは続く？　続かない？ 石黒真木夫
天気予報や選挙の当選確率、くじの当たり外れやじゃんけんの勝敗などから、統計のしくみをのぞいてみよう。

914 読解力を身につける 村上慎一
評論文、実用的な文章、資料やグラフ、文学的な文章の読み方を解説。名著『なぜ国語を学ぶのか』の著者による国語入門。

915 きみのまちに未来はあるか？
―「根っこ」から地域をつくる 除本理史 佐無田光
地域の宝物＝「根っこ」と自覚した住民によるまちづくりが活発化している。各地の事例から、未来へ続く地域の在り方を提案。

916 博士の愛したジミな昆虫 金子修治 鈴木紀之 編著 安田弘法
SFみたいなびっくり生態、生物たちの複雑怪奇なからみ合い。その謎を解いていくワクワクを、昆虫博士たちが熱く語る！

917 有権者って誰？ 藪野祐三
あなたはどのタイプの有権者ですか？　社会に参加するツールとしての選挙のしくみや意義をわかりやすく解説します。

918 議会制民主主義の活かし方 ―未来を選ぶために 糠塚康江

私達は忘れている。未来は選べるということを。必要なのは議会制民主主義を理解し、使いこなす力を持つこと、と著者は説く。

919 繊細すぎてしんどいあなたへ HSP相談室 串崎真志

繊細すぎる性格を長所としていかに活かすかをアドバイス。「繊細でよかった!」読後にそう思えてくる一冊。

920 10代から考える生き方選び 竹信三恵子

10代にとって最適な人生の選択とは? 各選択肢が孕むメリットやリスクを俯瞰しながら、生き延びる方法をアドバイスする。

921 一人で思う、二人で語る、みんなで考える ―実践! ロジコミ・メソッド 追手門学院大学成熟社会研究所 編

課題解決に役立つアクティブラーニングの道具箱。多様な意見の中から結論を導くロジカルコミュニケーションの方法を解説。

922 できちゃいました! フツーの学校 富士晴英とゆかいな仲間たち

生徒の自己肯定感を高め、主体的に学ぶ場を作ろう。校長からのメッセージは「失敗OK!」「さあ、やってみよう」

923 こころと身体の心理学 山口真美

金縛り、夢、絶対音感――。様々な事例をもとに第一線の科学者が自身の病とも向き合って解説した、今を生きるための身体論。

924 過労死しない働き方 ―働くリアルを考える
川人 博
過労死や過労自殺に追い込まれる若い人を、どうしたら救えるのか。よりよい働き方・職場のあり方を実例をもとに提案する。

925 障害者とともに働く
藤井克徳
星川安之
「障害のある人の労働」をテーマに様々な企業の事例を紹介。誰もが安心して働ける社会のあり方を考えます。

926 人は見た目!と言うけれど ―私の顔で、自分らしく
外川浩子
見た目が気になる、すべての人へ!「見た目問題」当事者たちの体験などさまざまな視点から、見た目と生き方を問いなおす。

927 地域学をはじめよう
山下祐介
地域固有の歴史や文化等を知ることで、自分・社会・未来が見えてくる。時間と空間を往来しながら、地域学の魅力を伝える。

928 自分を励ます英語名言101
小池直己
佐藤誠司
自分に勇気を与え、励ましてくれるさまざまな先人たちの名句名言に触れながら、自然に英文法の知識が身につく英語学習入門。

929 女の子はどう生きるか ―教えて、上野先生!
上野千鶴子
女の子たちが日常的に抱く疑問やモヤモヤに、上野先生が全力で答えます。自分らしい選択をする力を身につけるための1冊。

930 平安男子の元気な！生活　川村裕子

意外とハードでアクティブだった!? 恋に出世にライバル対決、元祖ビジネスパーソンたちのがんばりを、どうぞご覧あれ☆

931 SDGs時代の国際協力
―アジアで共に学校をつくる　西村幹子 小野道子 井上儀子

バングラデシュの子どもたちの「学校に行きたい！」を支えて――NGOの取組みから未来をつくるパートナーシップを考える。

932 コミュニケーション力を高めるプレゼン・発表術　上坂博亨 大谷孝行 里見安那

パワポスライドの効果的な作り方やスピーチの基本を解説。入試や就活でも役立つ「自己表現」のスキルを身につけよう。

933 確かめてナットク！物理の法則　ジョー・ヘルマンス 村岡克紀訳

ロウソクとLED、どっちが高効率？ 物理学は日常的な疑問にも答えます。公式だけじゃない、物理学の醍醐味を味わおう。

934 深掘り！中学数学
―教科書に書かれていない数学の話　坂間千秋

三角形の内角の和はなぜ180°になる？ なぜ割り算はゼロで割ってはいけない？ なぜマイナス×マイナスはプラスになる？…

935 はじめての哲学　藤田正勝

なぜ生きるのか？ 自分とは何か？ 日常の一歩先にある根源的な問いを、やさしい言葉で解きほぐします。ようこそ、哲学へ。

936 ゲッチョ先生と行く 沖縄自然探検 盛口 満
沖縄島、与那国島、石垣島、西表島、宮古島を中心に、様々な生き物や島の文化を、著名な博物学者がご案内！ 〔図版多数〕

937 食べものから学ぶ世界史 ―人も自然も壊さない経済とは？ 平賀 緑
食べものから「資本主義」を解き明かす！ 産業革命、戦争…。食べものを「商品」に変えた経済の歴史を紹介。

938 国語をめぐる冒険 渡部泰明・平野多恵・出口智之・田中洋美・仲島ひとみ
世界へ一歩踏み出せば、新しい出会いと成長への機会が待っています。国語を使ってどう生きるか、冒険をモチーフに語ります。

940 俳句のきた道 芭蕉・蕪村・一茶 藤田真一
古典を知れば、俳句がますますおもしろくなる！ 個性ゆたかな三俳人の、名句と人生、俳句の心をたっぷり味わえる一冊。

941 AIの時代を生きる ―未来をデザインする創造力と共感力 美馬のゆり
人とAIの未来はどうあるべきか。「創造力と共感力」をキーワードに、よりよい未来のつくり方を語ります。

942 親を頼らないで生きるヒント ―家族のことで悩んでいるあなたへ コイケ ジュンコ NPO法人ブリッジフォースマイル協力
虐待やヤングケアラー…、子どもはどのようにSOSを出せばよいのか。社会的養護のもとで育った当事者たちの声を紹介。

943 **数理の窓から世界を読みとく**
―素数・AI・生物・宇宙をつなぐ
初田哲男
柴藤亮介 編著

数学を使いさまざまな事象を理論的に解明する方法、数理。若手研究者たちが数理を共通言語に、瑞々しい感性で研究を語る。

944 **自分を変えたい**
―殻を破るためのヒント
宮武久佳

いつも同じメンバーと同じ話題。親に勧められた大学に進学し、楽勝科目で単位を稼ぐ。ずっとこのままでいいのかなあ?

945 **ヨーロッパ史入門**
原形から近代への胎動
池上俊一

古代ギリシャ・ローマから、文化的統合体としてのヨーロッパの成立、ルネサンスや宗教改革を経て、一七世紀末までを俯瞰。

946 **ヨーロッパ史入門**
市民革命から現代へ
池上俊一

近代国家の成立や新しい思想の誕生、二度の大戦、アメリカや中国の台頭。「古い大陸」ヨーロッパがたどった近現代を考察。

947 **〈読む〉という冒険**
イギリス児童文学の森へ
佐藤和哉

アリス、プーさん、ナルニア……名作たちは、本当は何を語っている?「冒険」する読みかた、体験してみませんか。

948 **私たちのサステイナビリティ**
―まもり、つくり、次世代につなげる
工藤尚悟

「サステイナビリティ」とは何かを、気鋭の研究者が、若い世代に向けて、具体例を交えわかりやすく解説する。

949 進化の謎をとく発生学
—恐竜も鳥エンハンサーを使っていたか
田村宏治
進化しているのは形ではなく形作り。キーワードは、「エンハンサー」です。進化発生学をもとに、進化の謎に迫ります。

950 漢字ハカセ、研究者になる
笹原宏之
著名な「漢字博士」の著者が、当て字、国字、異体字など様々な漢字にまつわるエピソードを交えて語った、漢字研究者への成長記。

951 作家たちの17歳
千葉俊二
太宰も、賢治も、芥川も、漱石も、まだ「文豪」じゃなかった——十代のころ、彼らは何に悩み、何を決意していたのか？

952 ひらめき！ 英語迷言教室
—ジョークのオチを考えよう
右田邦雄
ユーモアあふれる英語迷言やひねりのきいたジョークのオチを考えよう！ 笑いながら英語力がアップする英語トレーニング。

953 大絶滅は、また起きるのか？
高橋瑞樹
生物たちの大絶滅が進行中？ 過去五度あった大絶滅とは？ 絶滅とはどういうことでなぜ問題なのか、様々な生物を例に解説。

954 いま、この惑星で起きていること
気象予報士の眼に映る世界
森さやか
世界各地で観測される異常気象を気象予報士の立場で解説し、今後を考察する。雑誌『世界』で大好評の連載をまとめた一冊。

955 世界の神話 躍動する女神たち　沖田瑞穂

強い、怖い、ただでは起きない、変わってる⁉ 世界の神話や昔話から、おしとやかなイメージをくつがえす女神たちを紹介！

956 16テーマで知る 鎌倉武士の生活　西田友広

鎌倉武士はどのような人々だったのでしょうか？ 食生活や服装、住居、武芸、恋愛など様々な視点からその姿を描きます。

957 〝正しい〟を疑え！　真山 仁

不安と不信が蔓延する社会において、自分を信じて自分らしく生きるためには何が必要なのか？ 人気作家による特別書下ろし。

958 津田梅子―女子教育を拓く　髙橋裕子

日本の女子教育の道を拓き、シスターフッドを体現した津田梅子の足跡を、最新の研究成果・豊富な資料をもとに解説する。

959 学び合い、発信する技術―アカデミックスキルの基礎　林 直亨

アカデミックスキルはすべての知的活動の基盤。対話、プレゼン、ライティング、リーディングの基礎をやさしく解説します。

960 読解力をきたえる英語名文30　行方昭夫

英語力の基本は「読む力」。先生と生徒の対話形式で、新聞コラムや小説など、とっておきの例文30題の読解と和訳に挑戦！